| 일러두기 |
- 인명과 지명은 국립국어원의 외래어 표기법을 따르되 이미 굳어진 경우 관례에 따라 표기했습니다.
- 역사 용어는 학계의 일반적인 표기를 따랐습니다.
- 이 책에 실린 사진 중 저작권자와 접촉이 되지 않는 등 불가피한 사정으로 사용 허가를 받지 못한 사진에 대해서는 저작권자의 허락을 구하는 대로 승인을 받고 사용료를 지불하겠습니다.
- 이 책에 실려 있는 지도와 그림의 저작권은 별도의 표기가 없는 한 (주)스푼북에 있습니다.

5 절대 왕정과 과학 혁명

글 박효연 그림 이은열 감수 박소연, 손은혜

한눈에 세계사

열다

• 차례

1장
유럽 열강들의 경쟁 … 006

세계로 뛰어드는 유럽의 여러 나라 | 무적함대의 침몰 | 중상주의 정책과 유럽의 경제 발전 | 주식회사와 동인도 회사 | 동인도 회사의 경쟁

2장
서유럽의 절대 왕정 … 028

절대 왕정의 시작, 에스파냐 | 영국 절대 왕정의 시작 | 영국 절대 왕정의 문을 연 헨리 8세 | 영국 절대주의의 절정, 엘리자베스 1세 | 프랑스 절대 왕정의 시작, 프랑수아 1세 | 프랑스 절대주의의 절정, 루이 14세

3장
동유럽의 절대 왕정 … 052

오스트리아 왕위 계승 전쟁 | 떠오르는 태양, 프로이센 | 러시아의 절대 왕정을 확립한 표트르 대제 | 발트해를 차지한 러시아 | 러시아를 다시 일으킨 예카테리나 2세 | 절대주의의 한계

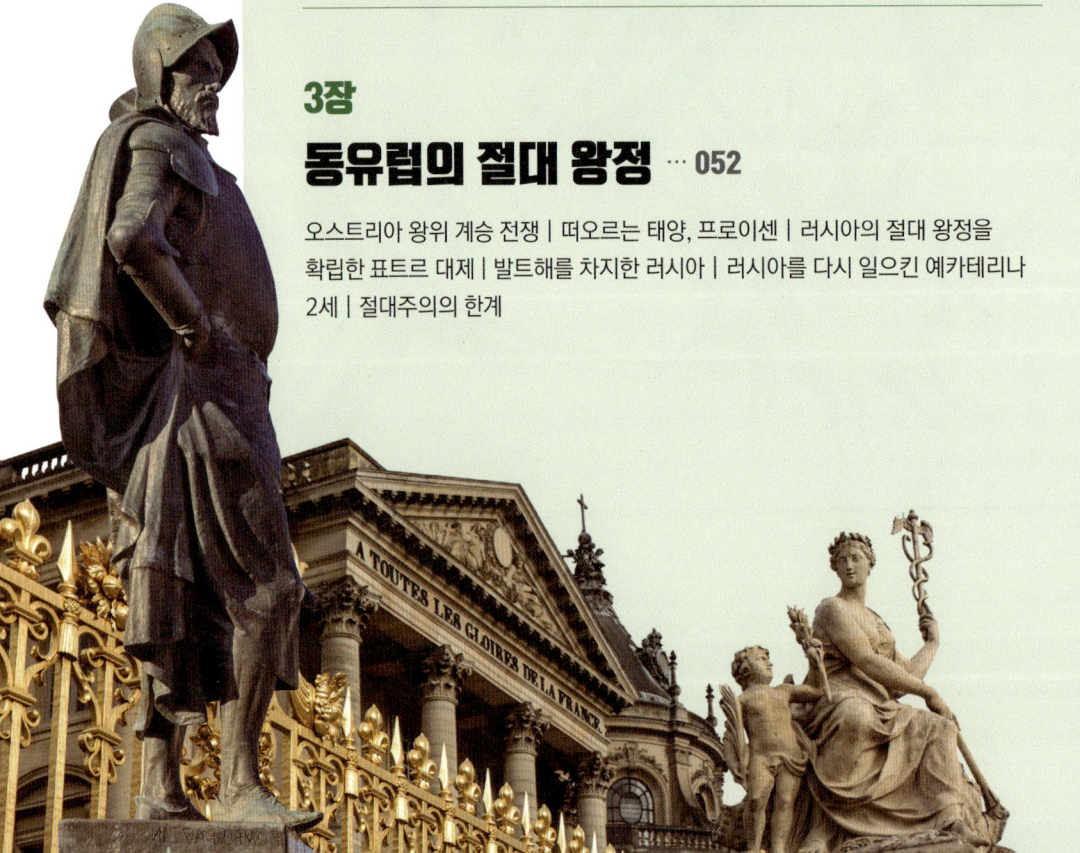

4장
신대륙 아메리카로의 이동 ... 072

북아메리카에 도착한 유럽인들 | 최초의 식민지, 제임스타운 | 노예제와 아프리카인들의 눈물 | 청교도 혁명 | 청교도인들의 뉴잉글랜드 정착 | 확대되는 식민지 | 쫓겨나는 원주민 | 프랑스의 북아메리카 식민지 건설 | 영국과 프랑스의 식민지 쟁탈전 | 세금 폭탄과 독립의 꿈

5장
과학 혁명 ... 104

세계관의 변화 | 코페르니쿠스의 지동설 | 지동설을 다진 케플러 | 그래도 지구는 돌고 있다 | 뉴턴의 사과 | 경험론과 합리론의 발달

6장
합리적인 생각, 계몽사상 ... 124

계몽사상의 탄생 | 볼테르, 프랑스 사회를 발칵 뒤집다 | 계몽사상과 경제 | 사회 계약설 | 프랑스 고전주의 문학 | 영국 문학의 발달

1장
유럽 열강들의 경쟁

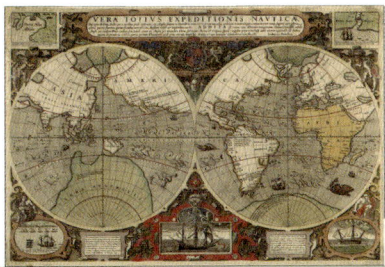

| 세계로 뛰어드는 유럽의 여러 나라
| 무적함대의 침몰
| 중상주의 정책과 유럽의 경제 발전
| 주식회사와 동인도 회사
| 동인도 회사의 경쟁

15세기 말 르네상스와 종교 개혁을 거친 유럽은 대항해 시대를 맞이했어. 지리학과 천문학 등 과학의 발달은 신항로 개척과 신대륙 발견을 가능하게 해 주었어. 우수한 항해술로 아메리카와 아프리카 남부 등을 발견한 유럽인들은 그곳에서 다양한 상품을 약탈하듯 가져와 무역으로 큰 이익을 얻었어. 거기서 한 발 더 나아가 아메리카, 아프리카, 아시아를 식민지로 삼는 식민지 사업에 뛰어들었어. 바다에는 식민지에서 가져온 진귀한 물건을 실은 배들이 떠다녔고 이것을 노리는 해적들도 넘쳐 났어.

유럽 열강들은 세력을 더 넓히기 위해 유럽 본토와 식민지에서 자기들끼리 전쟁을 벌였고, 승리한 나라는 영토를 더욱 확장해 나갔어. 개척한 신대륙에서 면화, 담배 등을 키우는 거대한 농장을 만들었고 노동력이 부족하자 아메리카 원주민과 아프리카인들을 강제로 데려와 노예로 부리기 시작했지. 이 시기에는 대서양을 중심으로 한 무역이 발달하는데, 아프리카인들을 잡아와 농장에 팔고 아메리카에서 가져온 금과 은으로 아시아에서 도자기와 비단, 향신료를 사는 형태였지. 유럽은 이렇게 식민지 사업으로 막대한 부를 얻었어. 그래서 에스파냐, 포르투갈, 영국 등 유럽 열강들의 식민지 건설 경쟁은 더욱 치열해졌단다.

◀ 노예를 거래하는 모습

세계로 뛰어드는 유럽의 여러 나라

대항해 시대를 맞이한 15세기 이후 유럽 국가들은 아메리카, 아시아 등 여러 나라에 식민지를 건설했어. 인도로 가는 길을 가장 먼저 찾은 나라는 포르투갈이었어. 포르투갈에 이어 에스파냐도 신항로 개척에 뛰어들었지. 포르투갈과 에스파냐가 신항로를 개척할 수 있었던 이유는 유럽 대륙 서쪽에 위치해 있어서 지중해 중심 무역에서 소외되어 있었기 때문이야. 이 때문에 두 나라는 무역을 위한 신항로 개척이 꼭 필요했어. 또한 이 두 나라는 유럽의 다른 국가들보다 먼저 왕권 강화를 이루었어. 포르투갈과 에스파냐는 강력해진 왕의 힘을 이용해 막대한 자금을 신항로 개척에 쏟을 수 있었지.

포르투갈은 후추 등 인도의 향신료를 얻기 위해 바닷길을 개척하는 함대를 수차례 보냈어. 그리고 바다에서 이슬람 함대를 물리치며 유럽 국가들 중 가장 먼저 인도에 발을 내디뎠지. 또 현재 브라질이 위치한 남아메리카 해안에 식민지를 건설하고 아프리카 해안 곳곳에 자신들의 거점을 설치하며 본격적인 식민지 개척 사업을 시작했어.

> 거점이란 어떤 활동의 근거가 되는 중요한 지점을 말해.

포르투갈의 뒤를 이어 식민지 건설에 뛰어든 나라는 에스파냐야. 에스파냐는 남아메리카 대부분 지역에 식민지를 건설했어. 에스파냐는 일찍부터 식민지에서 벌어들인 많은 자금으로 누구도 따라올 수 없는 막강한 힘을 과시했어.

이렇게 식민지에서 많은 돈을 벌어들이는 다른 나라들을 보자 프랑스도 가만히 있을 수 없었어.

▲ 조반니 다 베라차노

"지중해 무역보다 더 돈이 된다고? 우리도 어서 대서양에 배를 띄워야겠다."

프랑스 왕은 탐험가 조반니 다 베라차노에게 새 항로를 개척할 것을 명령했어. 이탈리아 출신인 그는 북아메리카 연안을 탐험해 뉴욕을 발견하지.

"새로운 땅을 더 찾아내라!"

프랑스는 북아메리카에 탐험가들을 더 보냈어. 프랑스의 탐험가 자크 카르티에도 북아메리카 뉴펀들랜드주(지금의 캐나다 동남부에 있는 주)에 상륙해 마그달렌섬과 프린스에드워드섬을 발견했어. 또 지금의 캐나다 동부에 있는 세인트로렌스강 하구를 발견하고 이 지역에 십자가를 세우고 프랑스 왕령이라 선언했어. 이것은 훗날 프랑스가 캐나다를 지배하게 되는 데 큰 역할을 했어.

여러 나라가 신항로 개척에 열을 올리고 있을 때쯤, 영국은 왕위 계승 문제로 국내 정치 상황이 혼란스러웠어.

그래서 신항로 개척과 식민지 사업에 신경을 쓰지 못하고 있었지. 하지만 점차 신항로 개척과 식민지 사업이 돈이 된다는 사실을 깨닫고 대서양으로 눈을 돌리기 시작해. 그러자 이미 식민지 무역으로 막대한 부를 쌓고 있던 에스파냐와 충돌하게 되지.

> 식민지 무역은 식민지의 상품을 약탈하거나 헐값으로 사들여 행하는 무역을 말해.

무적함대의 침몰

에스파냐는 남아메리카 곳곳에 많은 식민지를 건설했어. 당시 에스파냐의 왕은 펠리페 2세였는데 그가 다스리는 에스파냐는 유럽에서 가장 힘이 셌어. 그가 다스리던 시기를 '에스파냐의 황금시대'라고 부를 정도였지. 에스파냐는 식민지를 통해 얻은 막대한 부로 강력한 해군을 거느렸어. 에스파냐 해군은 1571년 레판토 해전에서 승리해 오스만 제국이 점령했던 지중해 동부의 키프로스섬을 빼앗기도 했단다. 강대국 오스만 제국을 물리친 에스파냐 해군을 '무적함대'라고 불렀어. 레판토 해전의 승리로 에스파냐는 이슬람 세력의 팽창을 막아 냈을 뿐 아니라 지중해의 주인이 되어 힘을 과시할 수 있었어.

"바다에서 우리를 이길 자는 아무도 없어!"

▼ 에스파냐의 무적함대를 그린 그림이야. '무적함대'라는 명칭은 영국인들이 에스파냐의 해군력에 대한 두려움에서 붙인 이름이야. 에스파냐인들은 '신으로부터 축복을 받은 함대'라고 불렀어.

▼ 레판토 해전의 모습을 그린 그림

에스파냐는 자신만만했어. 아무도 자신들과 싸워 이길 수 없을 것 같았지. 그런데 막강한 힘을 가진 에스파냐를 성가시게 하는 나라가 있었어. 바로 영국이었어. 16세기 영국은 유럽의 다른 여러 나라보다 뒤늦게 대서양 무역에 뛰어들었어. 그런데 대서양 무역은 이미 에스파냐가 지배하다시피 하고 있었어. 무적함대가 바닷길을 누비며 여러 식민지에서 거두어들인 막대한 금과 은, 귀한 물건들을 실어 나르고 있었던 거지. 영국은 어떻게 하면 에스파냐를 누르고 대서양을 중심으로 한 식민지 무역을 장악할 수 있을까 고민했어.

> 상선이란 돈을 받고 사람이나 짐을 실어 나르는 배를 말해.

"에스파냐의 상선을 약탈하자!"

영국은 에스파냐의 상선을 노렸어. 영국의 항해가 프랜시스 드레이크는 에스파냐의 선박과 식민지를 공격하고 물건들을 약탈했어. 이에 에스파냐는 단단히 화가 났지.

"드레이크 때문에 우리 상선들이 많은 피해를 보고 있어! 당장 그자를 잡아들여야 해!"

에스파냐의 펠리페 2세는 영국에 드레이크를 넘겨줄 것을 요청했어. 하지만 영국의 엘리자베스 1세는 오히려 드레이크를 보호했어. 그리고 그를 귀족으로 임명하기까지 했지. 엘리자베스 1세는 해상에서 막강한 활동을 벌이고 있는 에스파냐를 견제하기 위해 드레이크를 이용했어. 영국은 에스파냐가 지배하고 있는 해상 무역 활동권을 차지하고 싶었거

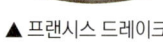
▲ 프랜시스 드레이크

든. 그러기 위해서 에스파냐에 경제적 타격을 주는 방법을 쓴 거지.

펠리페 2세는 천하무적으로 여겨지던 무적함대를 얕잡아 보는 영국이 못마땅했어. 게다가 당시 에스파냐의 지배를 받던 네덜란드가 독립하려고 하자 영국은 에스파냐의 힘을 약화시키려고 네덜란드의 독립을 지원했어.

▲ 엘리자베스 1세

에스파냐는 영국을 침공할 계획을 세웠어. 1588년 에스파냐는 전함 130여 척과 수병 8,000여 명, 육군 1만 9,000여 명을 이끌고 영국으로 향했어. 당시 영국군은 전함이 80여 척, 군사는 8,000여 명뿐이었어. 게다가 바다에서는 아무도 에스파냐를 꺾을 수 없을 것만 같았지.

두 나라의 함대는 바다에서 만났어. 하지만 모두의 예상을 깨고 반전이 일어났어. 영국군이 에스파냐군을 물리치고 승리한 거야. 이

▼ 칼레 앞바다에서 불길에 휩싸인 에스파냐의 무적함대

후 에스파냐는 점점 힘을 잃어 갔어. 전쟁으로 많은 돈이 들어갔으니 부족한 돈은 식민지에서 거두어들이거나 국민들에게 걷은 세금으로 충당해야 했어. 결국 국민들의 원성이 높아지고 국가 재정은 휘청거렸지. 유럽의 첫 번째 태양이자 해양 강국 에스파냐가 서서히 몰락한 뒤 에스파냐의 기세에 눌려 있던 유럽의 다른 나라들이 앞다퉈 바다로 향했어. 본격적인 해상 전쟁은 이제부터가 시작이었지.

중상주의 정책과 유럽의 경제 발전

중세 시대까지는 필요한 물건을 스스로 만들어 쓰는 자급자족 경제 체제였어. 직접 농사를 지어 먹을 것을 생산하고 필요한 도구들도 만들어 썼지. 그래서 다른 사람들과 거래를 할 필요가 없었어. 거래를 한다고 해도 마을 안에서 이루어지는 정도였지. 판매를 하기 위한 생산 활동도 별로 없었어.

르네상스 이전의 중세 유럽은 모든 것이 '신'과 '로마 가톨릭교회' 중심이었어.

그랬던 유럽 사회가 16세기에 들어서면서 서서히 변화하기 시작했어. 변화의 가장 큰 이유는 '르네상스'와 '종교 개혁'이었어. 이 두 사건을 거치면서 사람들의 사고방식과 삶의 모습이 크게 바뀌었어. 르네상스는 14세기부터 16세기까지 이탈리아에서 시작하여 유럽 여러 나라에서 일어난 문화 혁신 운동이라는 것 기억하지?

르네상스는 인간의 개성과 합리성, 현세적 욕구를 추구하며 문학, 미술, 건축 등 여러 방면에서 유럽의 문화를 발전시켰지. 또한 로마 가톨릭에 반대하면서 일어난 종교 개혁은 개인의 신앙과 성서 해석의 중요성을 강조했고, 신교를 탄생시켰어.

르네상스와 종교 개혁으로 신을 중심으로 생각하고 행동하던 사람들이 인간을 중심으로 생각하고 행동하는 쪽으로 바뀌게 되었어. 이전까지만 해도 사람들은 개인적 욕망을 억누르며 사는 것을 옳다고 여기고 이윤을 추구하는 것을 죄악으로 여겼어. 하지만 인간이 이윤을 추구하는 것은 당연한 일이라는 생각이 싹트기 시작한 거야. 그러면서 이전까지만 해도 천하게 여겨졌던 상업 활동에 참여하는 사람들이 눈에 띄게 늘기 시작했어.

또 하나의 변화는 대항해 시대가 열렸다는 거야. 대항해 시대를 맞이한 유럽의 여러 나라는 신대륙의 금과 은을 가지고 싶었어. 식민지 정복에 나선 가장 큰 이유 역시 금은보화를 차지하려는 마음 때문이었지. 해적들이 활발하게 활동했던 시대를 지나 해상 무역이 점차 안정되자 유럽의 여러 나라는 돈을 벌 수 있는 방법을 고민했어. 돈이 필요했던 가장 큰 이유 중 하나는 바로 외적으로부터 나라를 방어할 군대를 갖추려는 것이었어. 해상 무역이 안정되었다고 해도 유럽의 여러 나라는 틈만 나면 서로를 공격하고 전쟁을 일삼았거든. 한눈팔다간 다른 나라의 공격에 속수무책으로 당할 수밖에 없었어. 그렇기 때문에 군대는 필수였지.

"수출은 늘리고 수입을 줄이면 돈을 더 많이 벌 수 있을 거야."

해상 무역이 활발하던 시기, 각 나라들은 자기 나라에서 만든 물건을 외국에 많이 팔고 반대로 외국에서 수입하는 물건은 줄이고자

당시 유럽 열강들은 유럽 대륙과 신대륙으로 향하는 해상에서 군사적 우위를 차지하려고 경쟁했어.

했지. 그래서 수입한 물품에 대해서는 세금을 높게 매겨 자국민들이 수입품을 사지 못하도록 하는 정책을 펼쳤어.

이렇듯 상업에 온 힘을 쏟아 나라의 부를 쌓는 정책을 '중상주의'라고 해. 중상주의는 유럽 국가들이 자기 나라의 상업 활동을 보호하기 위해 선택한 경제 정책이야. 유럽 열강들은 바로 이 중상주의 정책을 써서 나라 안팎으로 돈을 벌어들였어. 그러자 나라 안에 자본이 쌓이면서 새로운 산업들이 계속 생겨났지. 덕분에 교역이 더욱 활발해지고 화폐 제도 역시 발달했어.

이전까지는 지방 영주들이 자신들이 다스리는 영토의 경제 정책을 책임졌지만 중상주의는 나라가 중심이 되어 나라 전체와 무역에 관련된 정책을 펴야 했어. 그래서 국왕이 경제 정책에 관한 내용을 모두 직접 담당하게 되었지. 이렇게 유럽의 여러 나라는 중상주의 정책을 써서 중앙 집권적 국가 제도를 확립했어. 국가로 들어오는 막대한 돈으로 왕의 권력도 점점 커졌어.

중상주의 정책을 가장 잘 이용했던 나라는 에스파냐로, 국내로 들

▼ 중상주의 경제 구조는 자국의 수출을 장려하고 타국으로부터 수입을 제한하는 보호 무역주의를 추구했어.

어오는 금과 은으로 막강한 힘을 과시해 해양 강국의 면모를 보여 줬어. 또 프랑스는 루이 14세 때 재정을 담당했던 콜베르가 중상주의 정책을 써서 경제를 발전시켰지. 영국 역시 중상주의 정책으로 경제 수준을 이전보다 한 단계 끌어올렸어.

하지만 이러한 정책에는 문제가 있었어. 국내 상인들은 물건이 잘 팔려 이득이었지만 일반 국민들은 물건의 품질이 나빠도 자국에서 생산된 제품밖에 쓸 수가 없었어. 해외 수출에도 문제가 있었어. 해외에 수출을 하기 위해서는 값싼 물건들이 필요했어. 하지만 물건을 만드는 장인들은 값싼 물건을 많이 만들어 파는 것보다 양이 적더라도 값비싼 물건을 파는 게 낫다고 생각해서 상인들의 요구를 들어주지 않았어. 상인들은 어떻게 하면 물건을 많이 팔 수 있을까 고민했어. 그리고 곧 새로운 방법을 찾아냈지.

▲ 루이 14세와 함께 직물 공장을 방문한 콜베르의 모습이 담긴 그림

상인들은 길드에 속하지 않은 노동자나 농민들에게 기술을 가르치고 도구와 원료를 대 준 뒤 이렇게 만들어진 물건을 싼값에 팔게 했어. 이것이 바로 선대제야. 선대제로 만든 물건들은 식민지 국가 등에 수출했지. 선대제는 훗날 유럽이 근대 사회로 나아가게 하는 밑바탕이 돼.

콜베르 ▶

난파란 배가 항해 중에 폭풍우 등을 만나 부서지거나 뒤집히는 것을 뜻해.

주식회사와 동인도 회사

"큰일 났습니다! 인도로 향하던 배가 난파되었다고 합니다."

"뭐라고? 전 재산을 털어 배를 샀는데, 나는 이제 빈털터리가 되었네."

상인들은 더 많은 돈을 벌기 위해 식민지로 배를 보냈어. 하지만 문제가 있었지. 배가 무사히 돌아오면 큰돈을 벌 수 있었지만 만약 사고가 나서 난파되면 피해가 어마어마했기 때문이야. 더욱이 유럽에서 아시아로, 또 아시아에서 아프리카로 가는 바닷길은 험난한 데다 해적들도 들끓었지. 큰돈을 벌고 싶었지만 전 재산을 털어 배를 띄우기에는 위험 부담이 너무 컸어.

"각자 돈을 조금씩 보태서 배를 보내면 어떨까?"

상인들은 여럿이 모여 돈을 내고 그 돈으로 배를 보내는 방법을 생각해 냈어. 배가 무사히 다녀오면 자신들이 낸 돈의 비율에 따라 이익을 나누는 방식이었지. 혹시 배에 문제가 생겨 사업이 망하더라도 투자한 만큼만 손해를 보기 때문에 위험 부담은 이전보다 적었어.

상인들은 자신이 얼마나 투자했는지 증서를 만들어 나누어 가졌어. 그것이 바로 지금의 '주식'이야. 일종의 증명서나 영수증이라

▲ 17세기에 네덜란드 동인도 회사에서 발행한 주식

고 생각하면 돼. 오늘날의 기업들 역시 주식을 발행해서 판 돈으로 주식회사를 운영해. 주식은 사고팔 수 있었어. 돈을 많이 벌 거라 생각되는 주식은 비싼 값에 팔렸고 그렇지 않은 주식은 값이 떨어졌지.

주식이 돈이 될 거란 생각에 이후 주식 시장은 점점 커졌어. 주식을 거래하는 증권 거래소가 만들어지고 많은 사람들이 쉽게 거래를 할 수 있게 되면서 사업 규모도 더욱 확대되었지.

식민지 건설이 열풍이던 당시에는 해상 무역을 하는 회사의 주식이 가장 인기 있었지. 인도양을 오가며 무역했던 네덜란드 동인도 회사는 인도에서 후추와 같은 향신료와 동아시아의 도자기 등을 수입해 오는 무역 회사였어. 위험 부담이 컸지만 성공만 하면 큰돈을 벌 수 있어 주식의 값이 비쌌지. 네덜란드의 동인도 회사가 큰돈을 벌어 오자 프랑스, 스웨덴 등 다른 나라들도 너나없이 동인도 회사를 만들었어.

▲ 1726년 네덜란드 암스테르담에 있던 동인도 회사의 조선소 모습

동인도 회사는 17세기에 유럽 각국이 인도 및 동남아시아와 무역하기 위해 동인도에 설립한 무역 독점 회사를 이르는 말이야.

동인도 회사의 경쟁

동인도 회사는 식민지에서 돈을 버는 것에서 그치지 않았어. 유럽 여러 나라와의 경쟁에서 이기기 위해선 군대도 가져야 했고 서로의 이익이 충돌할 때는 전쟁도 치러야 했어. 따라서 군사력이 중요했어.

가장 먼저 이러한 힘을 갖춘 것은 네덜란드 동인도 회사였어.

1602년 네덜란드가 동양 무역을 위해 세운 동인도 회사는 17세기 중반까지 동서양 무역을 거의 독점하다시피 했어. 이전까지 해상을 주름잡던 에스파냐는 세력이 약화되었고 1609년 에스파냐로부터 독립한 네덜란드가 세력을 키웠던 거야.

네덜란드 동인도 회사는 인도 본토는 물론 인도 주변의 여러 섬까지 장악해서 식민지로 삼았어. 동남아시아까지 뻗어 나가 인도네시아의 자바섬(자와섬), 중국, 일본의 나가사키까지 진출했지. 네덜란드 동인도 회사는 장악한 섬 등지에서 특산품을 강제로 재배하게 했어.

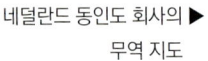
◀ 네덜란드 동인도 회사의 무역 지도

또한 현지인의 노동을 착취하며 재배한 특산품들을 헐값에 독점으로 사 갔어. 식민지 나라들은 노동력 착취에 경제적인 손실까지 감당해야 했어.

네덜란드 동인도 회사는 이윤을 얻기 위해 더욱 기발한 방법을 생각해 냈단다.

"아시아에서 얻은 물건을 다시 유럽까지 가지고 오려면 시간도 걸리고 비용도 많이 들어가. 뭐 좋은 방법이 없을까?"

지구를 반 바퀴 이상 돌아 물건을 유럽으로 가지고 오는 데에는 너무 많은 비용이 들었어. 긴 시간 항해하다가 해적을 만나거나 배가 난파될 위험도 있었지. 네덜란드 동인도 회사는 아시아의 다양한 나라들에서 가져온 물건을 아시아 안에서 팔겠다는 계획을 세웠어.

인도의 면직물을 동남아시아에 팔고, 동남아시아의 향신료를 중국에 팔았어. 그리고 중국의 도자기와 비단을 사다 인도에 파는 식이었지. 네덜란드는 이런 식으로 엄청난 돈을 벌었단다.

네덜란드 동인도 회사가 다른 나라들보다 더 아시아에서 힘을 떨칠 수 있었던 이유는 무엇일까? 아시아 무역에 뛰어든 다른 나라들은 무역도 무역이지만 선교 활동도 열심히 했어. 자신들이 믿는 크리스트교를 전파해야 한다는 사명감이 있었지. 하지만 네덜란드 상인들은 다른 유럽 국가들과 다르게 선교에 적극적이지 않았어. 낯선 서양 종교에 거부감이 있던 아시아인들은 종교보다 거래에만 관심 있는 네덜란드를 더 선호했던 거야. 이 때문에 네덜란드 동인도 회

17세기 초반 네덜란드는 동서양 무역을 주도하는 무역 강국이었으며, 네덜란드 동인도 회사는 세계 최대의 무역 회사였어.

사는 아시아 여러 나라에서 보다 쉽게 무역을 할 수 있었지.

네덜란드는 아시아, 아프리카, 아메리카 등지를 누비며 세계 무역을 장악했어. 막대한 수입을 벌어들인 네덜란드는 눈부신 경제 성장을 이루었어.

네덜란드 동인도 회사가 해상 무역을 장악하고 있는 사이, 영국의 동인도 회사는 네덜란드 동인도 회사와 거래하지 않는 인도 북동부 지역으로 향했어. 그러고는 인도산 면직물을 수입해 유럽에서 팔았는데 의외로 큰 열풍을 일으켰지.

면직물 판매로 경제적으로 이득을 얻고 있었지만 영국은 늘 네덜란드가 부러웠어. 해상 무역을 자신들이 독점하고 싶었지. 그러다가 마침내 좋은 생각이 났어.

▼ 영국 동인도 회사의 모습을 그린 그림

"앞으로 영국으로 들어오는 물건은 반드시 영국 배를 이용해 들어와야 한다."

영국은 영국이나 영국의 식민지로 들어오려면 반드시 영국 배를 이용해야 한다는 새로운 항해법을 발표했어. 자국의 산업을 보호하는 '중상주의' 정책 중 하나였지. 당시 네덜란드 동인도 회사의 배는 아메리카 등 세계 각지를 돌며 비교적 저렴한 가격에 물건과 이주민들을 함께 실어 나르고 있었거든. 그러나 영국의 이러한 새 항해법 때문에 네덜란드는 경제적으로 타격을 입을 수밖에 없었어. 네덜란드와 영국은 결국 세 차례의 전쟁을 치르게 되었지. 결과는 영국의 승리였어. 네덜란드는 아시아 무역권을 영국에 넘겨주었어. 이후 영국은 인도의 면직물 수입을 주 사업으로 하면서 인도양, 동남아시아 등지에서 더욱 활발하게 무역 활동을 하게 되었어.

▼ 영국과 네덜란드의 전쟁을 그린 그림

조선을 유럽에 알린 하멜

헨드릭 하멜은 네덜란드 동인도 회사에 소속되어 있던 선원이었어. 1653년 일본 나가사키로 가던 도중 일행 36명과 함께 제주도에 표류했다가 1666년 조선을 탈출해 1668년 귀국했지. 하멜은 자신이 조선에서 생활하며 관찰한 내용을 책으로 펴냈어. 그것이 바로 《하멜 표류기》야. 이 책은 당시 조선의 지리·풍속·정치·군사·교육·교역 등을 유럽에 소개한 최초의 문헌이야.

폭풍우를 만나 조선 땅을 밟다

1653년 폭풍이 몰아치는 바다 위에 배 한 척이 위태롭게 운항하고 있었어. 그 배는 네덜란드 동인도 회사의 배로, 목적지는 일본 나가사키였지. 폭풍우에 배는 곧 침몰하고 말았어. 배에 탄 선원 중 36명만 살아남았는데 그중 한 명이 하멜이었어. 이들이 정신을 차리고 깨어난 곳은 제주도의 어느 해안가였지. 하멜과 그 일행은 동남아시아, 중국, 일본 등 다양한 곳을 다니며 무역을 했지만 조선에 대해서는 알지 못했어. 제주도 사람들은 해안에서 발견된 낯선 외국인들을 감옥에 가두었어. 그리고 앞서 조선에 귀화한 네덜란드인 박연의 통역으로 그들의 정체가 밝혀졌지.

▼ 여수에 위치한 하멜전시관이야. 하멜과 그 일행의 흔적을 모아 놓은 곳이야.

조선에서의 생활

하멜과 그 일행은 한양으로 압송되어 신무기를 개발하는 훈련도감에서 일을 하기도 했어. 하지만 하멜은 고향으로 무척 돌아가고 싶었어. 틈을 노려 탈출할 기회를 엿보고 있었지. 그러던 어느 날, 청 사신이 조선을 방문했어. 하멜은 비밀리에 청 사신에게 자신의 나라로 돌아가게 해 달라고 부탁했어. 그러나 이 사실이 발각되어 하멜과 그 일행은 전라남도 강진과 여수로 유배되어 갖은 고생을 하게 되었단다.

《하멜 표류기》를 완성하다

하멜과 그 일행은 다시 탈출을 결심했어. 그리고 마침내 배를 타고 일본 나가사키로 가는 데 성공했어. 나가사키에 위치한 네덜란드 동인도 회사의 본부로 간 이들은 1667년 동인도 회사를 통해 조선과 협상하여 조선에 남아 있는 네덜란드인들을 석방해 달라고 요청하였고, 결국 동료들도 모두 석방되었어.

1668년 네덜란드로 돌아온 하멜은 자신이 겪고 관찰한 조선의 모습을 《하멜 표류기》에 실었어. 조선에 대해 전혀 알지 못했던 유럽인들은 《하멜 표류기》를 통해 알게 된 새로운 세상에 흥미를 가졌지. 《하멜 표류기》는 조선이라는 나라를 서양에 알린 최초의 책으로 소중한 역사적 자료야.

▶ 《하멜 표류기》를 쓴 하멜의 동상

📖 세계사가 한눈에 쏙!

01 15세기 유럽의 여러 국가는 신항로를 개척하고 아메리카와 아시아 등지에 식민지를 건설하기 시작했다. 처음으로 신항로를 개척하여 성과를 거둔 나라는 포르투갈이었다. 포르투갈은 인도로 가는 길을 가장 먼저 찾아냈다. 그 뒤를 이은 나라는 에스파냐였다.

02 당시 바다에서는 에스파냐의 위력이 막강했다. 그러나 떠오르는 강국인 영국이 에스파냐의 무적함대를 격파하면서 해상 강국 에스파냐는 몰락했고, 영국을 중심으로 본격적인 해상 전쟁이 시작되었다.

03 유럽의 여러 나라는 자국의 상업 활동을 보호하기 위해서 중상주의 정책을 폈다. 중상주의의 경제 구조는 자국의 수출을 장려하고 다른 나라로부터의 수입을 제한하는 보호 무역주의를 추구하는 것이었다.

04 식민지에 배를 보낼 때 배가 침몰하거나 약탈당해 피해를 보는 사람들도 많았다. 이런 피해를 줄이기 위해 사람들은 여럿이 모여 투자하고, 이를 증명할 서류를 나눠 가졌다. 이것이 바로 지금의 주식이다.

05 네덜란드를 시작으로 유럽의 여러 나라는 인도와 동남아시아에서의 무역을 위해 동인도에 무역 독점 회사를 세웠다. 이를 동인도 회사라고 한다. 특히 네덜란드 동인도 회사는 해상 무역을 장악하며 막대한 수익을 얻었다.

06 영국은 자국 또는 자국의 식민지로 들어오는 배는 반드시 영국의 배를 사용해야 한다는 법을 발표했다. 이 때문에 이미 해상 무역의 주도권을 가지고 있던 네덜란드와 전쟁이 벌어졌다. 전쟁에서 승리한 영국은 인도양과 동남아시아에서 더욱 활발하게 무역 활동을 하였다.

2장

서유럽의 절대 왕정

| 절대 왕정의 시작, 에스파냐
| 영국 절대 왕정의 시작
| 영국 절대 왕정의 문을 연 헨리 8세
| 영국 절대주의의 절정, 엘리자베스 1세
| 프랑스 절대 왕정의 시작, 프랑수아 1세
| 프랑스 절대주의의 절정, 루이 14세

중세 시대 봉건제 사회였던 유럽은 16세기에 접어들면서 절대 왕정 시대를 맞이해. 절대 왕정 혹은 절대주의는 국왕의 힘이 아주 막강한 정치 체제를 말해. 봉건 사회였던 유럽이 국왕 중심의 절대 왕정 체제로 변한 이유는 경제 활동이 활발해지면서 상업이 발달하고 장원이 해체되었기 때문이야. 또 여러 차례의 전쟁으로 귀족들의 권력이 약해지게 된 것도 이유이지. 귀족들이 누리던 권력은 고스란히 왕에게 넘어갔어. 또한 신항로 개척으로 식민지에서 벌어들인 돈은 왕권을 강화하는 데 중요한 기반이 되었어.

유럽 여러 나라의 왕들은 절대 권력을 가지고 전제 정치를 실시했어. 전제 정치란 왕의 뜻이 곧 법이 되는 정치를 말해. 이런 강력한 힘을 가지고 군대, 입법, 행정, 조세 등 국가를 다스리는 데 필요한 핵심 기능을 왕이 직접 관리했지. 관료 조직과 상비군을 관리하기 위해서는 많은 비용이 필요했는데, 절대 왕정 국가들은 이 비용을 마련하기 위해 중상주의 정책을 폈어. 중상주의 정책과 식민지 개척 사업으로 절대 왕정 국가들의 경제는 크게 발달하게 돼.

그러면 서유럽 여러 나라의 절대주의 시대를 자세히 알아볼까?

▲ 루이 14세

30

절대 왕정의 시작, 에스파냐

에스파냐는 유럽 여러 나라 중에서 가장 먼저 절대 왕정 체제를 갖춘 나라였어. 절대 왕정의 기틀을 잡은 이들은 합스부르크 왕가로 유럽에서 가장 긴 역사와 전통을 가진 왕가였지. 이들은 유럽의 다양한 나라에 세력을 뻗쳤어.

1516년 합스부르크 왕가의 카를로스 1세가 에스파냐의 왕위를 물려받았어. 당시 에스파냐가 네덜란드를 지배하고 있었기 때문에 카를로스 1세는 네덜란드까지 다스렸지. 그런데 얼마 지나지 않아 그는 신성 로마 제국의 황제였던 할아버지의 뒤를 이어 신성 로마 제국 황제로 선출되었어. 에스파냐와 신성 로마 제국까지 한 국왕이 다스리게 된 거야. 게다가 카를로스 1세는 이탈리아와 프랑스의 일부 지역까지 상속받아서 다스리게 돼. 중남미와 아프리카의 식민지까지, 카를로스 1세가 다스리는 영토는 엄청나게 넓었어. 그는 주변 국들의 공격을 막아 내며 영토를 지키는 데 전념했고 신대륙에서 가져온 금과 은을 기반으로 왕을 중심으로 한 중앙 집권 국가를 만드는 일에 힘을 쏟았어.

카를로스 1세는 식민지인 네덜란드의 신교도들을 탄압하고 로마 가톨릭교로 개종하기를 강요하기도 했어. 결국 카를로스 1세의 아들인 펠리페 2세 때 네덜란드는 독립 전쟁을 벌여. 전쟁은 오랜 시간 이어졌고 1609년 에스파냐와 네덜란드는 12년간의 휴전 조약을 체결해. 이후 전쟁이 다시 시작되어 1648년 네덜란드는 에스파냐로부

카를로스 1세는 에스파냐의 왕이자 신성 로마 제국의 황제였기 때문에 에스파냐의 공식 칭호는 카를로스 1세(Carlos I), 신성 로마 제국의 공식 칭호는 카를 5세(Carl V)이지.

터 완전히 독립하게 되지.

　카를로스 1세는 로마 가톨릭을 대표하는 신성 로마 제국의 황제로서 이슬람 세력인 오스만 제국과 전쟁을 치러야 했어. 또한 종교 개혁으로 일어난 신교 세력과도 전쟁을 해야 했지. 그뿐만이 아니야. 왕권 강화와 무거운 세금에 반발하여 일어난 내부 반란까지 진압해야 했지. 카를로스 1세는 이 일들을 모두 성공적으로 수행하여 에스파냐의 절대 왕정 시대를 열었어.

　카를로스 1세의 뒤를 이은 펠리페 2세는 아메리카 대륙과 필리핀 지역 등으로 식민지 건설을 확대해 나갔어. 유럽 밖으로는 이슬람 세력인 오스만 제국의 공격을 막아 내고 유럽에서는 영국과 네덜란드를 막아 냈지.

펠리페 2세는 에스파냐의 최전성기인 황금시대를 이끈 왕이야.

영국 절대 왕정의 시작

　1455년부터 1485년까지 영국에서는 왕권을 두고 내전이 일어났어. 이 전쟁의 이름은 '장미 전쟁'이야. 장미 전쟁이 있기 전에 영국과 프랑스가 프랑스의 왕위 계승 문제를 두고 백년 전쟁을 벌였어. 장미 전쟁은 백년 전쟁이 끝난 지 2년도 되지 않아 벌어졌던 사건이야. 길고 긴 백년 전쟁은 프랑스의 승리로 끝났어. 백년 전쟁에서 진 나라는 영국이었지. 백년 전쟁은 영국의 왕 헨리 4세와 헨리 5세를 거쳐 헨리 6세 때까지 이어졌는데, 이들은 모두 랭커스터 가문에서 나온 왕이었어.

"다 이긴 전쟁인데 헨리 6세 때문에 졌다!"

"랭커스터 가문은 물러나야 한다!"

전쟁에 진 책임을 두고 요크 가문 등의 귀족들은 하나같이 랭커스터 가문을 비난했어.

"말도 안 되는 소리! 우리 가문은 절대 물러날 수 없어!"

랭커스터 가문 역시 지지 않고 자신들에게 쏟아진 비난의 화살을 정면으로 받아쳤지. 그러다 결국 두 가문 사이에 전쟁이 벌어졌어. 백년 전쟁의 책임을 지라는 명목으로 싸움을 시작했지만 사실 이 전쟁은 왕위를 차지하기 위한 전쟁이었어.

랭커스터 가문과 요크 가문이 각각 붉은 장미와 흰 장미를 가문의 상징으로 사용했기 때문에 장미 전쟁이라고 불렀어. 이 전쟁은 랭커스터 가문의 헨리 튜더의 승리로 끝나. 헨리 튜더는 헨리 7세라는 이름으로 왕위에 오르지. 헨리 7세는 요크 가문의 엘리자베스를 왕비로 맞아들이며 새로운 왕조를 여는데, 이게 바로 '튜더 왕조'야.

▼ 헨리 7세

"전쟁으로 왕의 권위가 땅에 떨어졌어. 왕의 권력을 다시 강하게 만들어야겠어."

국왕이 된 헨리 7세는 귀족들의 반역 움직임을 차단하고 왕권의 안정을 도모하기 위해 귀족들의 세력을 억제하는 정책을 폈어. 또한 나라의 재정을 확보하는 일에도 힘썼어. 헨리 7세는 이렇게 왕권을 강화해 영국 절대주의의 기초를 쌓았어.

영국 절대 왕정의 문을 연 헨리 8세

1509년 헨리 7세에 이어 헨리 8세가 왕위에 올랐어. 헨리 8세는 아버지 헨리 7세의 왕권 강화 정책을 이어받아 더 강력한 왕권을 추구했어. 헨리 8세는 자신이 마음대로 부릴 수 있는 상비군이 없고 세금을 사용할 때 의회의 동의를 받아야 하는 게 마음에 들지 않았어. 의회는 국가 정책을 맡은 아주 중요한 기구로, 막강한 힘을 가지고 있었거든. 또한 나라의 법을 바꾸거나 국민들에게 세금을 걷고 군대를 파견할 수 있는 권한이 의회에 있었어. 당시 영국의 의회는 상원과 하원으로 나뉘어 있었는데 상원은 왕국의 귀족 중에서 왕이 임명할 수 있었어. 하지만 하원은 왕이 뽑지 않은 사람들로도 구성되었기 때문에 왕의 권한이 속속들이 미칠 수 없었지. 헨리 8세는 자신의 의견에 무조건 따르지 않는 의회가 마음에 들지 않았어. 그래서 국왕의 개인적인 자문 기관인 추밀원을 통해 정치를 펼쳤지. 의회의 의견은 무시하고 국왕 마음대로 정치를 하려고

> 상비군은 국가 비상사태에 항상 대비할 수 있도록 편성된 군대를 말해.

▲ 헨리 8세

했던 거야.

헨리 8세는 종교의 영역까지 차지했어. 헨리 8세가 로마 가톨릭교회와 사이가 좋지 않았던 것 기억하니? 스스로 영국 국교회의 수장이 되고 종교의 영역마저 차지한 헨리 8세의 권한은 더욱 막강해졌어. 거기다 헨리 8세는 성실청(성실 재판소)을 통해 권력을 더욱 강화했지. 성실청은 보통의 재판소에서 다루기 어려운 정치적 범죄 등을 다루던 형사 재판소야. 그러나 헨리 8세 당시에는 성실청의 실제 역할이 달랐어. 국왕을 반대하는 많은 사람들을 잡아다가 고문한 곳이었지.

영국 절대주의의 절정, 엘리자베스 1세

영국의 발전에 가장 큰 역할을 한 왕은 엘리자베스 1세야. 엘리자베스 1세는 헨리 8세와 두 번째 왕비 앤 불린 사이에서 태어난 딸이야. 메리 1세의 이복동생이기도 해. 엘리자베스 1세는 왕이 되자마자 강력한 정치를 펴 나갔어. 메리 1세 시절 일했던 사람들을 모두 쫓아내고 자신에게 충실한 신하들만 남게 했어. 그리고 헨리 8세 시절의 수장령을 부활시켜서 왕의 권한이 누구보다 강해지도록 했어.

그런데 엘리자베스 1세의 이런 정책들을 구

▲ 엘리자베스 1세

교도와 신교도들 모두 좋게 보지 않았어. 특히 구교 세력이 엘리자베스 1세를 탐탁지 않게 보고 있었지. 이들은 스코틀랜드의 여왕인 메리 스튜어트를 영국 여왕의 자리에 올리고 싶었어.

메리 스튜어트는 독실한 구교, 즉 로마 가톨릭교회의 신자였거든. 그러나 이 사실이 엘리자베스 1세에게 발각되고 이 일을 꾸민 사람들은 모두 가혹하게 진압되었지. 메리 스튜어트 역시 처형당했어.

▲ 메리 스튜어트

▲ 메리 스튜어트의 처형을 그린 그림

엘리자베스 1세는 에스파냐 왕인 펠리페 2세와도 사이가 좋지 않았어. 이전에 에스파냐와 프랑스, 영국 등이 함께 얽힌 전쟁 때문이기도 했지만 구교와 신교 간의 종교적인 이유 때문이기도 했지. 펠리페 2세는 엘리자베스 1세가 로마 가톨릭교회 신자이기를 바랐어. 신교도인 엘리자베스 1세가 그런 바람대로 움직일 리는 없었지. 펠리페 2세의 청혼에도 엘리자베스 1세는 꿈쩍도 하지 않았어. 펠리페 2세 때 에스파냐는 유럽의 강국으로 최대의 번영을 누리고 있었어. 펠리페 2세는 엘리자베스 1세와 결혼하여 유럽에서 더 큰 영향력을 가지려고 했지.

그러나 엘리자베스 1세는 "짐은 영국과 결혼했다."라고 말하며 그의 청혼을 거절했어. 엘리자베스 1세는 이 말대로 죽을 때까지 결혼하지 않았어. 나라와 결혼했다고 할 정도로 결혼보다는 나라를 다스리는 일에 집중했던 거지. 이후 펠리페 2세는 엘리자베스 1세가 로마 가톨릭교회를 지지하지 않는다는 이유로 자꾸 시비를 걸었어. 에스파냐와 영국의 사이는 점점 나빠질 수밖에 없었어.

엘리자베스 1세는 중상주의 정책을 펼치며 무역을 확대하고자 했어. 그런데 이미 해상 무역은 에스파냐가 장악하고 있었지. 엘리자베스 1세는 항해가인 프랜시스 드레이크를 보내 에스파냐 무역선들을 공격하도록 명했어. 화가 난 펠리페 2세는 당시 세계 최강으로 불리던 무적함대를 보냈지만 번번이 영국에 지고 말았어. 영국 선박들이 에스파냐의 무역 선박들을 공격해도 영국은 이들을 막기는커녕 나 몰라라 하고 있었지. 오히려 해적선들을 지원해 주기까지 했어.

이후 여러 차례의 전쟁에서 승리한 영국은 에스파냐를 물리치고 새롭게 해상 강국으로 떠오르게 돼. 이를 통해 엘리자베스 1세는 인도로 진출하는 기반을 닦고 영국을 강대국으로 만들었어.

엘리자베스 1세 시절 영국은 나라 안팎으로 경제도 발전했어. 중

영국 군대가 에스파냐의 무적함대와 싸울 때 영국 전함에 유리하게 바람이 불었는데 이것을 '프로테스탄스의 바람' 즉, 신교의 바람이라고 불렀다고 해.

상주의 정책으로 도시 곳곳에 공장들이 세워지고 노동자들은 열심히 일했지. 또 활발한 해상 무역에 발맞춰 동인도 회사와 같은 무역 회사들의 활동도 늘어났어. 이들은 인도양, 지중해, 발트해, 대서양 등에서 해양 무역 활동을 펼쳤고 많은 돈을 벌어들였어.

◀ 엘리자베스 1세 시대 은화

엘리자베스 1세 재위 기간은 영국에서 절대 왕정이 꽃을 피운 시대로 영국이 세계 최고 국가로 발전한 시기야. 경제적인 번영 속에서 문학과 예술, 철학도 발전했지.

영국의 런던 역시 대도시로 발전했어. 런던에는 다른 나라와 교역하기 위한 큰 항구가 만들어졌고, 조선소와 여러 거래소가 세워지면서 중요한 상업 도시로 자리 잡았지. 경제가 발전하자 국민들의 생활 수준도 올라갔어.

하지만 경제 발전에 따른 부작용도 있었어. 갑자기 올라간 물가로 서민들이 고통을 받았어. 대다수 서민들은 올라간 물가를 감당하기 힘들어 굶기가 부지기수였지. 거리에 부랑자들이 생겨나고 그로 인해 생기는 사회 문제도 많았어.

1603년 엘리자베스 1세가 세상을 떠나면서 영국의 절대주의는 점점 힘을 잃어 갔어. 그렇게 영국은 혁명의 시대를 준비하고 있었지.

역사 속 재미 쏙

해적의 시대

1600년 무렵 유럽 각국의 해외 무역이 활발해지며 덩달아 해적들도 왕성하게 활동했어. 해적 활동은 당연히 불법이었지만 영국이나 프랑스는 에스파냐처럼 이미 세계 곳곳에 식민지를 건설한 경쟁국을 상대하기 위해 오히려 해적을 적극적으로 이용했지. 해적에게 경쟁국의 배를 약탈해도 좋다는 면허증을 발급해 주기도 했거든. 국가에 약탈 면허를 받은 이런 해적선을 사략선이라고 해. 그중 영국 사략선은 주로 아메리카에서 보물을 싣고 오는 에스파냐 상선을 공격해서 영국인에게는 영웅 대접을 받았어.

그러나 해적의 전성기는 세계 무역이 안정되고 영국 해군이 막강하게 성장하면서 막을 내리게 돼. 1700년 무렵에는 사략선에 대해 지원을 끊고 해적을 단속하기도 하지.

그럼 당시 유명했던 해적 몇 명을 소개해 볼게.

▲ 복원된 황금사슴호야. 황금사슴호는 프랜시스 드레이크가 타던 사략선이야.

헨리 모건

영국 출신 사략선 선장이야. 카리브해의 에스파냐 상선과 식민지를 집중적으로 공격해 어마어마한 부와 명성을 얻었어. 명성을 인정받은 헨리 모건은 카리브해의 영국 해군 사령관이 되어 다른 사략선을 지휘하며 많은 활약을 펼쳐 나갔지. 그런데 영국과 에스파냐가 평화 조약을 맺은 뒤에도 계속해서 에스파냐 식민지와 배를 공격해서 결국 영국으로 체포되어 끌려갔어. 하지만 카리브해 일대에 막강한 영향력을 가진 헨리 모건을 함부로 처형할 수가 없었기에 풀어 주었단다. 그 뒤 헨리 모건은 자메이카 총독으로 임명되었다고 해.

▲ 헨리 모건

메리 리드와 앤 보니

1720년 무렵 자메이카에서 존 래컴 선장 아래의 해적들에 대해 재판할 때였어. 재판에서는 사형 선고를 내리고 있었고 최후 진술을 하던 중이었지. 사형을 면해야 하는 이유가 있으면 말해 보라고 하자 그중 누군가가 배를 보이며 현재 임신 중이니 처형을 연기해 달라고 했대. 그게 바로 전설적인 여성 해적 메리 리드와 앤 보니였지.

▲ 메리 리드

메리 리드는 런던 외곽에서 태어났는데 어릴 때부터 남자 행세를 하며 살았대. 메리 어머니가 메리에게 재산을 상속해 주기 위해 메리가 아들이라고 거짓말을 했다고 해. 메리는 남장한 채 해군에 입대했는데 남자 못지않게 잘 싸웠대. 메리가 해적이 된 이유로는 군인이었을 때 해적선에 붙잡혀 해적이 되었다는 이야기도 있고, 해군일 때 진급이 어려워지자 아메리카로 떠났다가 그대로 해적 생활을 했다는 이야기도 있어.

앤 보니는 10대일 때 카리브해에서 해적들을 상대하는 술집을 운영했다고 해. 그러다가 존 래컴 선장의 애인이 되었고 그와 함께 배를 훔쳐 해적 생활을 시작했지. 하지만 부하들에게는 자신이 여자라는 것을 밝히지 않았대.

▲ 해적기야. 사람 해골과 뼈 두 개를 교차시킨 해적기는 오늘날까지도 해적의 상징으로 유명해.

▲ 앤 보니

프랑스 절대 왕정의 시작, 프랑수아 1세

30년 전쟁 이후 프랑스 역시 절대 왕정 시대를 맞이해. 프랑스에서 절대 왕정의 기틀을 잡은 왕은 프랑수아 1세야. 프랑수아 1세 역시 다른 나라의 왕들처럼 귀족들의 세력을 억누르고 자신이 막강한 힘을 갖길 원했지.

"어떻게 하면 귀족들의 힘을 억누를 수 있을까?"

프랑수아 1세는 고민했어. 영주들 때문에 국왕의 세력이 지방까지 미치고 못하고 있었거든. 프랑수아 1세는 곧 좋은 생각이 떠올랐지.

"성직자들은 모든 백성의 호적부를 적어 짐에게 가지고 오너라."

호적부를 만들면 세금을 낼 국민들의 정확한 수와 세금의 액수를 중앙 정부에서 파악할 수 있었던 거야. 또한 당시 프랑스에서는 공식 문서를 모두 라틴어로 정리하고 있던 것을 프랑스어로 정리할 것을 명령했지. 언어는 민족의 자존심을 세우고 나라의 틀을 잡는 데 매우 중요한 역할을 하기 때문이야. 이뿐만 아니야. 프랑수아 1세는 교회의 힘까지도 가

▲ 프랑수아 1세

법복 귀족은 임명으로 되기도 했지만 관직을 사서 귀족 신분에 오르기도 했어. 그래서 '대검 귀족'이라 불리는 오래된 봉건 귀족과 구별되지.

부르주아란 중세 시대에는 중산 계급의 시민을 뜻하는 말이었어. 그러다가 근대 사회에서는 자본가 계급에 속하는 사람을 의미하는 말이 되었지.

지고 싶었어. 그래서 왕이 주교와 사제를 임명하는 등 교회가 해야 할 일을 직접 하기도 했어.

프랑수아 1세는 영토를 확장해 나라를 더욱 강하게 만들었어. 또 자신에게 충성하는 관리들을 뽑아 국가의 중요 권한인 사법과 세무 행정을 맡겼어. 이들을 관료 귀족인 '법복 귀족'이라고 불러. 대대로 신분이 높았던 귀족들과 다르게 신분이 낮은 사람도 법복 귀족이 되어 신분 상승을 할 수 있었어. 그러다 보니 기존의 귀족들은 더욱 긴장하며 왕을 두려워했어. 신분 상승을 원하는 돈이 많은 사람들, 즉 상업 부르주아들이 왕에게 통치 자금을 대고 신분 상승을 이루었지. 결과적으로 프랑수아 1세는 왕권을 강화할 수 있었어.

프랑스 절대주의의 절정, 루이 14세

프랑스 절대 왕정의 절정을 이룬 왕은 루이 14세야. 스스로를 '태양신의 아들', '태양왕'이라고 부르며 프랑스에서 제일가는 절대 권력을 누린 인물이지.

이러한 절대 권력에는 선대 왕들의 도움이 있었지. 앙리 4세가 절대 왕정의 기틀을 닦았거든. 또 앙리 4세가 즉위하고 위그노와의 종교 갈등을 수습한 뒤 프랑스는 꾸준히 발전했어. 그 후 루이 13세 때는 리슐리외 추기경이 왕권을 크게 강화했지.

루이 13세에 이어 왕위에 오른 루이 14세의 나이는

▲ 리슐리외 추기경

겨우 다섯 살이었어. 나이가 너무 어렸기 때문에 어머니가 섭정이 되고 쥘 마자랭 추기경이 재상이 되어 국왕의 역할을 대신했지. 마자랭은 왕권 강화를 위해 무거운 세금 정책을 편 인물로도 유명해.

"세금이 너무 비싸서 못 살겠다!"

곧 귀족들과 국민들이 반발하고 나섰어. 급기야 1648년에는 내란이 일어났는데, 바로 '프롱드의 난'이야. 귀족과 국민 들은 세금 정책에 강한 불만을 표했지. 하지만 반란을 일으킨 지도자들 사이에서 내분이 생겼고 결국 프롱드의 난은 실패하고 말아. 이 사건을 계기로 루이 14세는 왕권을 더욱 강화해야겠다고 마음 먹었지.

▲ 쥘 마자랭 추기경

루이 14세를 돕던 쥘 마자랭 추기경이 사망하자 당시 스물세 살이었던 루이 14세가 직접 나라를 다스리게 되었어. 루이 14세는 앞으로는 자신이 나라의 모든 일을 맡아 처리하겠다고 선언했지. 자신의 권력이 누구보다 막강하길 원했거든.

"짐의 권력은 하늘로부터 받은 것이다."

▲ 프롱드의 난

> 왕권신수설은 국왕의 권리는 인민이나 의회에 의해 제한되지 않는다는 주장으로 귀족 세력을 누르고 강력한 왕권을 세우는 데에 사용되었어.

　루이 14세는 국왕의 권력은 신에게서 받았다는 왕권신수설을 주장했어. 왕권신수설은 국왕은 신 외에 그 어떤 사람 앞에서도 책임을 지지 않는다는 의미도 포함하고 있어.

　루이 14세는 우선 귀족들이 하던 일들을 하나씩 가져오기 시작했어. 왕권 강화를 위해서는 지방 곳곳에 국왕의 힘이 닿아야 했기 때문이지. 루이 14세는 재상이라는 관직을 없애고 본인이 직접 통치하겠다며 나섰어. 귀족들이 맡고 있던 지방 행정 업무도 국왕이 직접 처리했지. 지방 업무까지 보지 못하게 된 귀족들의 힘은 점점 약해졌어. 루이 14세는 이 기회를 틈타 귀족들의 권력을 더 강하게 억누르고 싶었어. 그래서 파리 근교에 거대한 왕궁을 짓고 이곳으로 거처를 옮겼지. 이 왕궁의 이름이 '베르사유 궁전'이야. 루이 14세는 베르사유 궁전으로 귀족들을 불러 모았어. 귀족들이 한곳에 모여 있으면 감시하고 관리하기 편했거든.

　루이 14세는 왕의 품위를 매우 중요하게 생각했어. 아침에 눈뜨고 밤에 잠들 때까지 모든 일상이 격식 그 자체였지. 그런 루이 14세 곁에서 귀족들은 시중들기에 바빴어.

　"폐하의 자태가 태양보다 눈부십니다."

　"폐하는 태양신 아폴론보다 더 아름답습니다."

　"폐하는 영웅 헤라클레스보다 더 용맹스러워 보입니다."

　귀족들은 매일 왕의 비위를 맞추기 위해 야단이었어. 루이 14세가 재미없는 농담을 해도 손뼉을 치며 즐거워했고 별 의미 없이 한 왕의 말을 받아 적느라 바빴지. 귀족들은 왕의 눈에 들기 위한 일이라면 어떤 짓이라도 했어. 이전의 귀족들은 왕을 견제하고 권력을 더 차지하기 위해 경쟁하느라 왕과 사이가 좋지 않았지만, 루이 14세 시절의 귀족들은 서로 앞다퉈 왕에게 잘 보이려 했지. 이 시절에는 궁정 예절이 발달했는데 복잡한 궁정 예절 역시 귀족들의 긴장감과 경쟁심을 부추겼어.

▲ 제노바 공화국 사신을 만나는 루이 14세의 모습이 그려진 그림이야. 제노바 총독이 당시 궁중 예절에 따라 루이 14세에게 인사를 하고 있어.

루이 14세는 절대 왕정의 기반이 되는 경제 발전에도 힘을 쏟았어. 콜베르를 재정 총감으로 임명해 중상주의 정책을 펼쳤어. 콜베르는 식민지를 이용해 나라의 부를 쌓았어. 또한 국민들이 금과 은을 낭비하는지 살피고, 해외에 있는 물건을 사 오는 것보다 국내에서 직접 물건을 만들어 사용하려고 했지. 그 결과 국내에서 만들어진 물건들이 늘어나고 상품의 질도 점차 좋아졌어. 콜베르의 정책으로 프랑스의 국내 산업은 발전했고, 나라 밖으로는 식민지를 통해 많은 돈을 벌어 재정이 증대되었지.

온갖 사치품이 가득한 베르사유 궁전을 짓는 것도 프랑스 산업 발전에 도움이 됐어. 당시 프랑스에는 거울을 만드는 산업이 발전했는

데 이때 거울은 무척 귀하고 비싼 물건이었지.

콜베르는 거울을 프랑스에서 직접 만들어야겠다고 생각했어. 그리고 곧 프랑스에서도 거울을 만들게 되었고 점차 거울 만드는 산업도 발전하게 되었어. 이후 프랑스의 사치품들은 높은 품질을 자랑하게 되었고 경제도 활기가 넘치게 돼. 이것은 프랑스에 고급스러운 문화가 발달하게 된 배경이기도 하지. 이때 만들어진 예술 양식을 '바로크 양식'이라고 해. 바로크 양식은 궁정 문화를 중심으로 만들어진 예술 양식으로, 감각적이고 극적인 표현과 풍부한 장식을 특색으로 하지.

루이 14세는 자신의 권력을 예술로도 표현하고 싶었어. 그래서 많은 예술가들을 지원했는데 이로 인해 프랑스 고전주의 예술이 꽃피우게 되었지. 고전주의란 고대 그리스·로마의 예술 작품을 모범으로 삼아 단정한 형식미를 중시하며 조화와 균형을 추구한 17~18세기의 예술 경향을 말해.

누구보다 강력한 절대 왕권을 가진 루이 14세였지만 말년에 가서는 그 영광이 빛을 잃고 말아. 그 계기가 됐던 사건 중 하나가 낭트 칙령을 폐지한 것이야. 앙리 4세 때 위그노의 신앙의 자유를 인정한 낭트 칙령 덕분에 프랑스는 오랜 종교 전쟁에서 벗어나 안정과 평화를 찾았지. 그런데 루이 14세는 국가의 통일을 유지하기 위해서는 여러 교파가 있어서는 안 된다는 이유에서 낭트 칙령을 폐지했어.

낭트 칙령이 폐지되자 위그노들은 프랑스를 떠나기 시작했어. 위

바로크 양식은 르네상스 이후 16세기 말부터 18세기 중엽에 걸쳐 유럽에서 유행한 예술 양식이야.

그노 중에는 특히 상업 활동을 하는 사람들이 많았는데 그들은 종교의 자유가 없는 나라에서는 도저히 살 수 없었어. 성 바르톨로메오 축일의 대학살과 같은 사건이 또다시 일어날지 모른다고도 여겼지. 결국 많은 상인들이 빠져나간 데다가 무모한 전쟁을 여러 차례 치르면서 프랑스는 경제적으로 심각한 타격을 입었어.

화려한 베르사유 궁전

유럽에서는 1600년대 각 나라마다 경쟁적으로 웅장하고 화려한 건축물을 지었어. 이때 유행한 건축 양식이 바로크 양식이었어. 바로크는 '찌그러진 진주'라는 뜻이야. 구불거리며 둥글게 감아 도는 화려한 장식이 사람의 시선을 사로잡는 효과를 준다고 해서 붙여진 이름이지. 왕의 위엄을 돋보이게 하는 웅장한 건축물에는 바로크 양식이 필수였어. 대표적인 예가 프랑스 루이 14세 때 건설한 베르사유 궁전이야.

▲ 베르사유 궁전 전경이야. 완공되기 이전 모습을 담은 그림이지. 궁전 건물 뒤쪽으로 정원이 끝도 없이 펼쳐져 있어.

▼ 베르사유 궁전의 중심이 되는 건물이야. 400여 개에 이르는 방이 금과 은, 상아로 된 값진 공예품들로 꾸며져 있어.

▲ 베르사유 궁전 안에 있는 거울의 방이야. 500개가 넘는 거울이 배치되어 화려하기 그지없지. 보통 외국 사신들의 접대나 왕실 축제 장소로 쓰였어.

▼ 베르사유 궁전에 있는 아폴론 분수야. 그리스 신화의 태양신 아폴론이 전차를 몰고 힘차게 달리는 모습을 묘사했어.

역사 속 재미 쏙

왕을 신처럼 모시는 의식들

축성식: 국왕이 처음으로 왕관을 쓰며 왕위에 올랐음을 알리는 대관식으로 프랑스에서는 랭스 대성당에서 열렸어. 국왕은 축성식 때 교회를 보호하고, 로마 가톨릭 신앙을 수호하며, 국민에게 봉사한다는 의미에서 여러 가지 맹세를 했지. 그리고 왕관, 칼 등 왕의 권력을 상징하는 일곱 가지 물건을 받았어.

치유 의식: 사람들은 국왕이 '연주창'이라고 하는 피부병을 치유할 능력이 있다고 믿었어. 국왕의 손만 닿아도 초자연적인 힘이 생겨 병이 낫는다고 여겼지. 국왕은 대관식 후나 종교 축일 이후 이와 같은 치유 의식을 진행했단다.

왕정의 신비: 대관식 때 국왕은 반지를 하나 받는데, 사람들은 이 반지가 국왕과 국민을 이어 주는 반지라고 믿었어. 그래서 국왕은 개인이 아닌 살아 있는 국가로 인식되어 신처럼 받들어졌지.

▼ 축성식의 모습

▼ 프랑스 국왕들의 대관식이 치러지던 랭스 대성당은 '랭스의 노트르담 대성당'으로도 알려져 있어.

📖 세계사가 한눈에 쏙!

01 유럽 여러 국가들 중 가장 먼저 절대 왕정의 정치 체제를 갖춘 국가는 에스파냐이다. 에스파냐의 카를로스 1세는 에스파냐는 물론 네덜란드와 신성 로마 제국, 이탈리아와 프랑스의 일부 지역, 중남미와 아프리카의 식민지에 이르는 넓은 지역을 다스렸다. 그러면서 국가의 영토를 지키고 로마 카톨릭교 전파에 힘을 쏟았다.

02 영국에서 절대 왕정의 문을 연 것은 헨리 8세이다. 그는 의회가 아닌 국왕의 개인 자문 기관인 추밀원을 통해 나랏일을 결정했다. 또 국왕이 국교회의 수장이 되는 법을 발표해서 정치, 종교, 경제의 권한을 모두 거머쥐었다.

03 영국 절대 왕정의 전성기를 이룬 왕은 엘리자베스 1세이다. 엘리자베스 1세는 당시 최강국 에스파냐와의 해상 전쟁에서 여러 차례 승리하며 영국을 강대국으로 만들었고, 중상주의 정책을 펼쳐 나라를 경제적으로 더욱 부강하게 만들었다.

04 프랑스의 절대 왕정은 태양왕이라 불리는 루이 14세 때 절정을 이루었다. 루이 14세는 중상주의 정책을 펴 나라의 재정을 튼튼하게 하고, 많은 예술가를 지원하여 프랑스 고전주의 예술의 발전에도 기여했다. 절대 왕정을 상징하는 화려하고 아름다운 베르사유 궁전이 이때 지어졌다.

3장
동유럽의 절대 왕정

| 오스트리아 왕위 계승 전쟁
| 떠오르는 태양, 프로이센
| 러시아의 절대 왕정을 확립한 표트르 대제
| 발트해를 차지한 러시아
| 러시아를 다시 일으킨 예카테리나 2세
| 절대주의의 한계

동유럽 국가들은 17세기 중반에 절대 왕정 시대를 맞이해. 신성 로마 제국의 일부였던 동유럽 국가들이 하나둘 독립하면서 중앙 집권화된 국가를 수립하지.

하지만 여러 나라로 나뉘어 있던 오스트리아는 문화와 민족, 언어, 종교 등이 달라 하나로 통합하는 게 쉽지 않았어. 오스트리아를 지배했던 합스부르크 왕가의 중앙 집권화 노력은 계속되었지만 귀족들의 반대에 부딪히고 말았지. 동유럽에서 가장 강력한 절대주의 국가를 형성했던 나라는 프로이센이야. 신성 로마 제국의 일부였던 프로이센은 신성 로마 제국의 붕괴와 더불어 많은 변화를 겪었어. 프로이센의 지배자가 된 프리드리히 빌헬름은 강한 군대를 만들고 영토를 확장하며 프로이센을 유럽에서 강력한 군사 대국으로 성장하게 했어. 한편 18세기에 들어 러시아는 서유럽을 본보기로 삼아 눈부신 모습으로 성장했어. 표트르 대제는 러시아의 후진성을 극복하기 위해 서유럽의 발달된 기술을 적극적으로 받아들였어. 표트르 대제에 이어 즉위한 예카테리나 2세 역시 절대주의 왕권을 더욱 굳건히 지켜 나가.

그러나 절대 왕정 시기, 강력한 왕권에 의해 국민의 자유는 억압되었고 과도한 세금으로 민중의 삶은 고달팠어.

그럼 동유럽의 절대 왕정을 자세히 알아볼까?

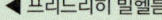
◀ 프리드리히 빌헬름

오스트리아 왕위 계승 전쟁

16~17세기 오스트리아는 인종·언어·문화가 다른 여러 지역을 다스리고 있었어. 독일어를 사용하는 오스트리아와 슐레지엔 지역, 마자르어를 사용하는 헝가리 지역, 체코어를 사용하는 보헤미아 지역으로 나뉘어 있었지. 이들 나라는 종교 역시 달랐어. 오스트리아를 지배한 것은 합스부르크 왕가였는데 이처럼 나눠진 나라를 다스리기란 쉽지 않았어.

합스부르크 왕가는 나눠진 나라를 하나로 만들어 강력한 왕권을 확립하고자 했지. 카를 6세는 수도 빈에 상업 학교를 설립해서 상인을 키웠어. 또 빈에서 사방으로 뻗은 산악 도로를 정비하고, 합스부르크 가문이 통치하는 지역끼리 관세를 철폐했지.

또한 아드리아해의 항구 도시인 트리에스테와 피우메를 자유항으로 지정해서 아드리아해 무역을 장악한 베네치아와 본격적으로 경쟁을 벌였지. 그리고 오스트리아의 지배를 받게 된 벨기에 지역 상인들을 이용해 동인도 회사를 설립했어. 하지만 계획이 잘 이루어지지 않았단다. 귀족 사이의 갈등이 심했던 탓에 중상주의 정책은 실패로 돌아갔고 동인도 회사마저 영국의 압력으로 문을 닫아야 했거든.

그런데 카를 6세의 걱정거리는 이게 다가 아니었어. 왕위를 물려줄 아들이나 가까운 남자 친척이 없다는 것도 문제였지. 오스트리아는 남자만 왕위 계승을 할 수 있었거든. 그래서 카를 6세는 법을 고쳐서 합스부르크 가문의 여성이 왕위를 물려받을 수 있게 했어. 이

> 마자르어는 로마자로 쓰며 헝가리를 중심으로 러시아, 루마니아, 체코의 일부 지역에서 사용하는 언어야.

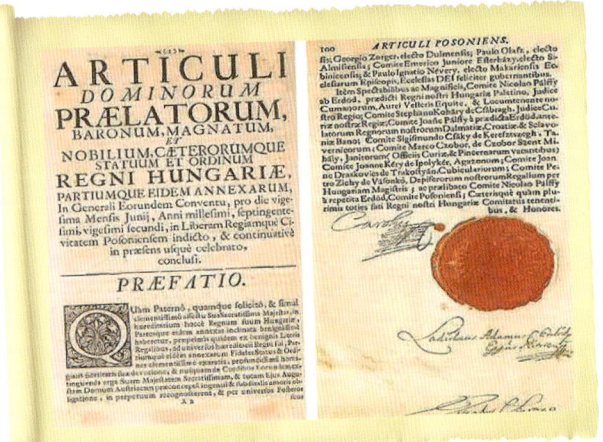

▲ 카를 6세가 서명한 국사조칙이야. 오스트리아를 비롯한 합스부르크 가문의 영지를 상속받을 남자가 없을 경우 여자에게도 상속권이 인정된다는 내용이야.

걸 국사조칙이라고 해. 그 결과 카를 6세가 세상을 떠나고 그의 딸인 마리아 테레지아가 왕위를 잇게 되었지.

그런데 1740년 오스트리아에서는 왕위 계승 문제를 둘러싸고 전쟁이 벌어졌어. 주변의 나라들이 들고일어난 거야.

프로이센과 프랑스, 에스파냐 역시 한편이 되어 으름장을 놓았어. 모두 이 기회에 오스트리아의 땅을 차지하고 싶었지. 결국 유럽의 많은 나라가 이 왕위 계승 전쟁에 참전하게 되었어. 혼란스러운 상황을 틈타 프로이센은 오스트리아의 슐레지엔 지방을 차지했지.

슐레지엔 지방은 현재 폴란드에 속해 있어.

▲ 카를 6세

▲ 카를 6세의 장녀로 왕위에 오른 마리아 테레지아

떠오르는 태양, 프로이센

사실 프로이센은 처음부터 막강한 힘을 가진 나라는 아니었어. 이전까지 신성 로마 제국의 일부였던 프로이센은 신성 로마 제국이 붕괴되고 난 뒤 자리를 잡았지.

처음에 프로이센은 다른 유럽 국가들에 비해 경제적으로 풍요롭지 못했어. 인구도 많지 않은 데다가 영토 대부분이 늪이나 황무지였거든. 당연히 농사를 지을 땅도 많지 않았지. 그런데 그보다 더 심각한 문제는 프로이센의 위치가 다른 나라 군대들이 지나다니는 길목에 있었다는 거야. 프로이센은 그 때문에 많은 피해를 받았지.

"가난한 나라를 지킬 수 있는 것은 오직 군대뿐이다."

종교 전쟁이 한창이던 1640년, 독일의 귀족으로 브란덴부르크 선제후이자 프로이센의 공작인 프리드리히 빌헬름이 프로이센의 지배자가 되었어. 그는 즉위한 뒤 가장 먼저 군대를 만들었지. 어느 나라든 강력한 군대를 두고 싶어 하기 마련이지만 프로이센의 상황은 좀 달랐어. 다른 나라와 달리 상업도 발달하지 못했고 경제적으로 부강하지도 않았기 때문에 군대를 유지할 재정이 없었거든. 그래서 프로이센은 흩어져 있는 영토를 통합하고 중앙 정부에서 관리하는 강력한 조세 제도를 실시했어. 그리고 왕

▲ 프리드리히 빌헬름

은 자신의 재산과 국민들에게서 거둔 세금의 대부분을 군대를 키우는 데에 썼어. 왕은 검소한 생활을 했는데, 절인 양배추로 끼니를 대신한 적도 있었을 정도였다고 해. 사치스러운 궁중 연회나 대관식도 없애고 문화, 예술에도 후원하지 않았지. 그렇게 재정을 확보하여 군대에 투자한 거야. 또 프로이센은 강력한 군대를 만들기 위해 유럽 각국에 병사를 모집하기도 했어. 귀족들 역시 의무적으로 입대해서 장교로 복무하도록 했지.

프리드리히 빌헬름의 군대 정책은 이후 손자인 프리드리히 빌헬름 1세에게로 이어졌어. 프리드리히 빌헬름 1세는 '군인왕'이라고도 불렸어. 자신이 국왕으로 있는 동안 절대주의 왕권을 강화하고 군대 키우는 일에 힘을 쏟았기 때문이야. 이런 활동으로 프로이센의 군대는 무려 이전의 두 배 이상으로 늘어났어. 쉽게 설명하면 국민 열 명 중 두 명이 군인이었던 거야. 프리드리히 빌헬름 1세가 만들어 놓은 강력한 군대와 풍부한 국고는 아들인 프리드리히 2세가 적극적으로 영토 확장 정책을 펼 수 있는 밑거름이 되었어.

▲ 프리드리히 빌헬름 1세

▲ 프리드리히 2세

왕위에 오른 프리드리히 2세는 잘 훈련된 군대를 이용해 오스트리아 합스부르크 가문과의 전쟁에서 승리하지. 1756년부터 1763년까지 이어진 이 전쟁은 프로이센에 슐레지엔 지역을 뺏긴 오스트리아가 이 지역을 되찾으려고 하면서 시작되었어. 그러나 오히려 이 전쟁의 결과로 프로이센은 오스트리아의 슐레지엔 지역을 완전히 빼앗게 되지. 비옥한 땅이었던 슐레지엔 지역이 손에 들어오자 프로이센은 이전보다 훨씬 강하고 경제적으로도 풍요로운 국가가 되어 유럽의 강대국 대열에 끼게 되었어.

또한 프리드리히 대왕은 계몽주의의 영향을 받아 계몽 전제 군주임을 내세우며 스스로를 '국가 제1의 심부름꾼'이라고 했어.

슐레지엔 지역을 둘러싼 프로이센과 오스트리아의 전쟁을 '7년 전쟁'이라고 해.

▼ 7년 전쟁을 그린 그림

시민 계급이 성장하지 못한 동유럽과 러시아에서는 절대 군주가 계몽사상의 영향을 받아 위로부터의 개혁을 추진했어.

러시아의 절대 왕정을 확립한 표트르 대제

세계에서 가장 큰 영토를 가진 나라, 러시아의 절대 왕정을 살펴볼까? 러시아는 땅은 넓지만 17세기 이전까지만 해도 잘 알려지지 않은 나라였어. 이 당시만 해도 러시아는 문화적으로나 경제적으로 유럽의 다른 나라들과 달리 크게 발달하지 않은 나라였거든. 동양과 서양이 어우러진 자신들만의 독자적인 문화가 생겨났지만 지리적·환경적 조건 때문에 발전하기가 어려웠어. 그런 러시아가 서서히 떠오른 건 러시아 로마노프 왕조 제4대 왕 표트르 대제(표트르 1세)가 즉위하고 나서야.

"러시아가 발전하려면 서유럽의 기술을 적극적으로 받아들여야 해."

표트르 대제는 러시아의 후진성을 극복하기 위해 서유럽 국가들의 발달된 기술과 문화를 받아들이고자 했어. 그는 어릴 적 궁 밖에서 자라면서 서유럽의 발전된 기술을 봐 왔기 때문에 그들의 발전된 기술을 늘 부러워했어.

성인이 된 표트르 대제는 자신의 신분을 숨기고 네덜란드로 가서 조선소에서 일하기도 했어. 또 서유럽 각국을 여행하며 견문을 넓히고 발달된 기술을 익혔지. 표트르 대제는 배우는 것에 그치지 않고 서유럽 국가의 숙련된 기술자들을 러시아로 데려오기도 했어. 또 유럽식 문

▲ 표트르 대제

◀ 네덜란드에서 조선술을 배우고 있는 표트르 대제의 모습을 그린 그림

화와 관습을 받아들여 이를 러시아 사회에 뿌리내리도록 했어.

또 당시 러시아의 남자들은 모두 수염을 길게 길렀는데 표트르 대제는 수염이 야만스럽다는 이유로 모두 자르도록 명령했어. 만약 수염을 자르지 않는 사람이 있으면 세금을 내도록 했지. 그러니 모두 국왕의 명령에 따를 수밖에 없었어. 그러나 사실 수염세를 걷는 것은 국민들의 모습을 단정히 한다는 표면적인 이유도 있었지만 진짜 이유는 세금을 걷어 국가 재정을 늘리려 한 데 있었어.

▲ 귀족의 수염을 자르는 표트르 대제를 그린 그림

러시아 귀족들은 음식을 먹을 때 나이프와 포크를 사용하고 유럽식으로 옷을 입는 등 유럽식 문화를 따라야 했어. 표트르 대제의 이런 서구화 정책으로 러시아의 많은 젊은이들이 유럽으로 유학을 떠나기도 했어. 표트르 대제의 정책들은 대부분 왕의 권력이 강하지 않으면 시행하기 힘든 것이 많았지. 그만큼 표트르 대제 시절 러시아의 절대 왕정이 절정에 이르렀다는 것을 알 수 있어.

절대 왕정을 누리기 위해선 강력한 왕권을 뒷받침할 상비군이 필수적이었어. 표트르 대제 또한 국왕의 명령에만 따르는 상비군을 만들었지. 상비군의 인원이 부족하지 않도록 하기 위해 러시아 남자의 약 5퍼센트가 평생 군에서 복무해야만 했어.

수염세를 비롯한 세금 역시 중앙 정부가 농민들에게 직접 거두어들였어. 각 지방의 영주들을 통해 세금을 간접적으로 걷었을 때는 국왕의 힘이 국민 개개인에게 미치지 않았어. 그러나 세금을 직접 걷음으로써 국왕의 영향력이 더욱 강해질 수 있었지. 표트르 대제는 또 국가 관료들을 뽑을 때도 귀족과 평민에 차별을 두지 않고 능력에 따라 임명해 나랏일을 운영했어. 이로 인해 귀족들의 세력은 약해지고 왕권은 더 강력해질 수 있었지.

발트해를 차지한 러시아

표트르 대제는 다른 유럽 국가들처럼 러시아도 해외의 여러 나라들과 교류해야 한다고 생각했어. 하지만 러시아는 겨울만 되면 바다

> 표트르 대제는 백성들에게 러시아 전통 의상이 아닌 서구식 의복을 입을 것을 명하기도 했어.

가 얼어붙을 정도로 추워 교역을 위한 항구로 쓸 만한 곳이 없었지.

"유럽과 더 가까워지려면 겨울에도 얼지 않는 항구가 있어야 해."

"겨울에도 얼지 않는 항구로는 발트해가 적격입니다."

표트르 대제는 얼지 않는 항구, 즉 '부동항'을 차지하기 위해 유럽 나라들과 여러 차례 전쟁을 치렀어. 무엇보다도 발트해는 유럽으로 나아가기 좋은 위치에 있었어. 하지만 문제는 당시 발트해를 스웨덴이 소유하고 있었다는 거야. 발트해를 차지하려면 스웨덴과의 전쟁

▲ 스웨덴과 러시아의 전쟁 중 벌어진 폴타바 전투 장면을 그린 그림

> 표트르 대제는 상트페테르부르크를 '유럽으로 난 창'이라고 말했어. 상트페테르부르크는 공업·학술·문화의 중심지로 모스크바 다음가는 러시아 제2의 도시야.

을 피할 수 없었지. 러시아는 덴마크, 폴란드와 동맹을 맺고 스웨덴을 공격했어. 이 전쟁을 '북방 전쟁'이라고 해.

1703년 마침내 러시아는 스웨덴에 승리하여 발트해를 차지하는 데 성공해. 표트르 대제는 곧 발트해와 가까운 네바강 하구에 도시를 세워. 그런 다음 수도를 모스크바에서 이곳으로 옮기고 도시의 이름을 '상트페테르부르크'라고 지어.

"이곳에 큰 왕궁을 짓도록 해라."

표트르 대제는 절대 왕정의 우아함과 권위를 보여 줬던, 프랑스 루이 14세가 지은 베르사유 궁전을 모방하고 싶었어. 그래서 항구에 겨울 왕궁을 지었어. 이 궁전 역시 베르사유 궁전처럼 러시아의 절대 왕정을 상징하는 것이 되었지.

표트르 대제는 강력한 왕권을 확립하고 서구 문화를 국내에 전파해 나라의 힘을 키우고 영토를 확장하였으며, 러시아의 근대화를 이룩했다는 점에서 높게 평가받아. 하지만 절대 왕정 체제를 만들기 위해 농민과 노동자를 가혹하게 희생시켰고 자신에게 반대한 세력들을 가차 없이 처형하는 모습을 보이기도 했어.

▲ 러시아의 상트페테르부르크에 있는 표트르 대제의 청동 기마상

러시아를 다시 일으킨 예카테리나 2세

표트르 대제 이후 절대 왕정을 이어 간 황제는 예카테리나 2세야. 예카테리나 2세는 원래 프로이센의 공주로 1762년 러시아의 황제 자리에 올랐어. 예카테리나 2세는 표트르 대제의 손자인 표트르 3세의 아내야. 그런데 러시아의 국왕이었던 표트르 3세는 7년 전쟁 등을 거치면서 무능력한 국왕의 모습을 보였어. 그러자 귀족들은 군대를 동원해 표트르 3세를 끌어내리고 예카테리나 2세를 국왕의 자리에 앉히지.

▲ 예카테리나 2세

예카테리나 2세는 국왕으로 즉위하고 나서 표트르 대제 시절의 영광을 누리고 싶었어. 그래서 막강했던 러시아의 힘을 되찾기 위해 군대를 재정비하고 주변국들을 살피며 영토 확장의 기회를 노렸지. 러시아는 곧 폴란드를 점령하기에 이르러. 강대국 중 하나였던 폴란

▼ 폴란드 분할을 그린 그림이야. 그림의 왼쪽부터 러시아의 예카테리아 2세, 폴란드 국왕, 오스트리아의 요제프 2세, 프로이센의 프리드리히 2세야.

> 흑해는 유럽과 아시아의 경계에 있는 바다야. 우크라이나, 루마니아, 불가리아, 터키 등으로 둘러싸여 있어.
>
> 크림반도는 우크라이나 남부에 있는 반도야.
>
> 보스포루스 해협은 터키 서부, 마르마라해와 흑해를 연결하는 해협으로 아시아 대륙과 유럽 대륙의 경계를 이루는 곳이야.

드는 프로이센과 오스트리아에 밀려 세력이 약해져 있었거든. 러시아, 오스트리아, 프로이센은 약해진 폴란드를 나눠 갖기로 협상했어. 1795년 결국 폴란드는 사라지고 말아. 이 사건을 '폴란드 분할'이라고 해.

영토를 더 넓히고 싶었던 예카테리나 2세는 남하 정책을 폈어. 그 결과 오늘날의 흑해와 크림반도의 일부를 차지하게 되었어. 오스만 제국과의 전쟁을 벌여 흑해로 가는 길과 보스포루스 해협을 통행할 권리도 얻어 내지.

하지만 승승장구하던 예카테리나 2세는 농민들의 반란으로 위기를 맞이해. 농민들은 귀족들과 국가에서 거두는 무거운 세금 때문에 너무나 살기 힘들었어. 왕권과 나라가 강해지는 만큼 그 안의 국민들은 노동력을 착취당하고 막대한 세금을 짊어지고 있었던 거야. 1773년 참다못해 푸가초프라는 사람이 반란을 일으켰어. 이것이 바로 '푸가초프의 반란'이야. 그는 농노제와 세금 폐지를 주장했지. 그동안 나라에 불만을 가졌던 사람들이 함께 일어났어. 반란군은 곧 도시를 점령했지. 하지만 그들의 영광은 잠깐이었어. 결국 막강한 군사들에 의해 반란군은 처참히 진압되고 말았어.

▲ 푸가초프

서유럽과 동유럽의 절대 왕정

절대 왕정 시기의 왕들은 지방에 대한 귀족들의 봉건적인 통치권을 빼앗고 전국을 직접 통치하려고 시도하였어. 이를 위해 관료제를 정비하고, 명령을 효율적으로 집행하기 위한 상비군을 육성했지.

서유럽과 동유럽은 둘 다 절대 왕정이 나타났지만 시기에는 차이가 있어. 동유럽은 중세 말 봉건제가 해체되지 않고 오히려 강화되었어. 귀족이 농노를 강하게 억압하였으며, 상공업이 발달하지 못해 시민 계급도 성장하지 못했지. 이 때문에 동유럽에서는 절대 왕정이 서유럽보다 늦게 나타났어. 17세기 중엽에 이르러서야 동유럽의 왕들이 부국강병을 추구하면서 절대 왕정이 등장했지만 왕들은 귀족을 관료와 군인으로 등용하고, 그 대가로 귀족의 농노 지배를 인정하였기 때문에 동유럽의 절대 왕정은 서유럽에 비해 전제적인 성격을 띠어.

그럼 서유럽과 동유럽의 절대 왕정을 대표하는 국왕들을 살펴볼까?

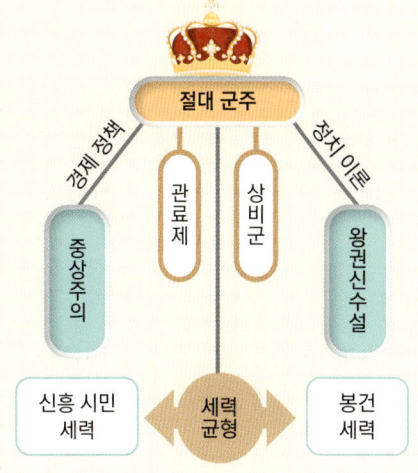

▲ 절대주의의 구조

프랑스의 루이14세

"짐이 곧 국가다. 우리가 신민으로부터 받는 복종과 존경은 공짜로 얻어지는 것이 아니다. 그것은 그들이 우리에게서 기대하는 정의와 보호의 대가로 지불되는 것이다."

프로이센의 프리드리히 2세

"국민의 행복은 군주의 어떤 이익보다 중요하다. 군주는 자기가 지배하는 백성의 절대적인 주인이 아니라, 국가 제일의 심부름꾼에 지나지 않기 때문이다."

러시아의 예카테리나 2세

"국민이 군주를 위해 만들어진 것이 아니라, 군주가 국민을 위해 만들어진 것이다. 군주 정치의 진정한 목적은 백성에게 그들이 타고난 자유를 빼앗는 것이 아니라, 가장 높은 선에 이르도록 그들을 올바로 이끄는 것이다."

농민들의 반란으로 예카테리나 2세는 심한 충격을 받았어.

"감히 나에게 도전하다니!"

예카테리나 2세는 더욱 심하게 농민을 탄압하고 전제 정치를 이어 나갔어. 대규모로 반란을 일으킨 농민들은 이후 숨죽이며 살아가지만 푸가초프의 반란 사건은 이후 러시아의 지식인들을 일깨우는 계기가 되었어.

절대주의의 한계

절대 왕정에서는 절대주의 왕권을 유지하기 위해 국왕이 믿는 종교를 국민들에게도 강요했어. 나라 안에 하나의 종교만 있어야 왕이 통치하기 쉬웠기 때문이야. 그러다 보니 나라 안팎으로 종교 문제로 많은 갈등이 일어났지. 1685년에는 프랑스 루이 14세가 낭트 칙령

▼ 예카테리나 2세 당시 일어난 푸가초프의 반란을 그린 그림

을 폐지하면서 잠시 평화를 유지하던 구교와 신교 사이의 대립이 다시 시작되었어.

　절대 왕정 시대에는 상공업과 도시가 발달하여 중세의 장원 중심의 자급자족적 농업 경제에서 벗어났어. 그런데 왕권이 강해진 만큼 농민들을 억누르는 정책들이 시행되었고 이에 대한 반발이 일어났어. 농민들이 반란을 일으킨 거야. 한편, 상공업이 발달하면서 사람들의 개인주의 성향은 더 짙어졌고 도시에는 빈민과 부랑자가 늘어났어. 이들은 세력을 모아 반란을 일으켰고 그럴 때마다 국가에 의해 잔인하게 진압되었지.

　또한 강력해진 왕권은 독재 정치를 불러왔어. 중앙 집권 체제가 발달하여서 봉건 영주의 통치 대신 관료제가 확립되었지. 국왕은 영주들의 힘을 누르기 위해 자신이 믿을 수 있는 관리들을 지방으로 보냈고 그동안 영주들이 다스려 온 사회를 일일이 간섭하며 마찰을 빚었어. 기존에 있던 제도들을 무시하고 국왕이 원하는 대로 정치를 이끌어 가자 이에 대한 저항과 반발이 일어날 수밖에 없었어.

　또한 절대주의 시대에는 신분제가 여전히 존재했고 일반 국민에게는 참정권이 주어지지 않았어.

📖 세계사가 한눈에 쏙!

01 오스트리아는 카를 6세가 상업 학교를 통해 상인을 키우고 동인도 회사를 설치하며 힘을 키워 나갔다. 그리고 중상주의 정책을 펼쳤지만 귀족 사이의 갈등으로 실패로 돌아갔다. 카를 6세는 국사조칙을 통해 여성이 왕위를 물려받을 수 있게 법을 개정하여 이후 그의 딸 마리아 테레지아가 왕위에 오른다. 하지만 주변 유럽 국가들은 이를 빌미로 오스트리아를 넘보며 갈등을 일으켰다.

02 오스트리아에서 왕위 계승을 두고 전쟁이 벌어지자 프로이센은 이를 틈타 오스트리아의 슐레지엔 지방을 차지했다. 강력한 군대를 만드는 데 집중했던 프로이센은 슐레지엔 지역을 손에 넣으며 경제적으로 풍요로워지고 국력도 강해져 유럽의 강대국 대열에 합류하였다.

03 프리드리히 2세는 학문과 예술, 산업을 발전시켜 프로이센의 전성기를 이끌었다. 그는 계몽주의의 영향을 받아 계몽 전제 군주임을 내세우며 스스로를 '국가 제1의 심부름꾼'이라고 칭했다.

04 러시아의 왕 표트르 대제(표트르 1세)는 서유럽을 모델 삼아 러시아의 근대화를 이루고 영토를 확장하는 데 힘썼다. 또 상트페테르부르크를 건설하고 수도로 삼았다.

05 예카테리나 2세는 표트르 대제 이후 강력한 절대 왕정을 이어 간 여왕이다. 오스트리아, 프로이센과 함께 약해진 폴란드를 나누어 점령했고, 남하 정책을 추진하여 러시아의 영토를 넓혔다. 그러나 많은 세금을 거두어들였기 때문에 농민들이 반란을 일으켰다.

06 절대 왕정 시기에 나라는 성장했지만, 강력한 군대를 유지하기 위해 국민들은 무거운 세금에 시달렸고 자유 또한 억압되었다.

4장
신대륙 아메리카로의 이동

| 북아메리카에 도착한 유럽인들
| 최초의 식민지, 제임스타운
| 노예제와 아프리카인들의 눈물
| 청교도 혁명
| 청교도인들의 뉴잉글랜드 정착
| 확대되는 식민지
| 쫓겨나는 원주민
| 프랑스의 북아메리카 식민지 건설
| 영국과 프랑스의 식민지 쟁탈전
| 세금 폭탄과 독립의 꿈

처음 북아메리카 대륙에 발을 디딘 에스파냐인들은 아메리카 대륙에서 금은보화를 찾고자 했어. 그들의 뒤를 이어 북아메리카의 버지니아에 도착한 영국인들의 목적도 마찬가지였지. 그러나 미국 북동부 뉴잉글랜드에 도착한 영국인들의 사정은 달랐어. 이들은 청교도인들로 본국에서의 종교적 박해를 피해 종교의 자유를 얻기 위해 대서양을 건너왔지.

같은 시기 아프리카인들도 북아메리카에 있었어. 경제적 이득과 종교의 자유를 위해 북아메리카로 온 유럽인들과 달리 아프리카인들은 강제로 끌려온 것이었어. 식민지를 건설할 노동력을 확보하려고 유럽인들이 아프리카인들을 사냥하듯 잡아서 데리고 온 거야.

북아메리카가 신대륙이라고 불리기는 하지만 사실 이곳은 유럽인들이 들어오기 전부터 엄연히 사람들이 살고 있는 땅이었어. 아메리카 원주민들이 모여 공동체를 이루고 문명을 이룩했던 곳에 이방인들이 침입해 원주민들이 이룩한 문명을 파괴했어. 또 이주민들은 자신들의 땅을 넓히기 위해 원주민들을 쫓아내고 학살했지.

자, 이제 북아메리카 신대륙을 둘러싼 유럽 열강들의 경쟁을 알아보자.

▲ 버지니아의 어느 대농장 노예들의 모습을 그린 그림

북아메리카에 도착한 유럽인들

보통 북아메리카는 콜럼버스가 발견했다고 알고 있어. 하지만 사실 그보다 훨씬 전인 11세기에 바이킹이라고 불리던 사람들이 북아메리카 북쪽 해안을 탐험했지. 바이킹이 가장 먼저 북아메리카에 다녀왔다는 사실은 이후 사람들의 기억에서 잊혔어. 500년 뒤 탐험가 콜럼버스가 에스파냐 왕실의 후원을 받아 대서양 건너 서쪽 끝으로 향했어. 그는 새로운 땅에 금은보화들이 가득할 거라고 믿었어. 콜럼버스뿐만 아니라 당시 유럽인들은 신대륙에 대한 이런 환상을 가지고 있었지. 이런 믿음 때문에 에스파냐의 뒤를 이어 영국, 프랑스, 네덜란드 등 유럽 여러 나라들이 앞다퉈 신대륙으로 향한 거야.

▲ 바이킹의 모습을 그린 그림이야. 바이킹은 7~11세기에 스칸디나비아와 등지에 살면서 바닷길로 유럽 각지에 진출한 노르만족의 다른 이름이야.

▼ 콜럼버스가 아메리카 대륙에 도착한 순간을 표현한 그림

식민지 건설에 가장 먼저 눈뜬 나라는 에스파냐야. 에스파냐인들이 간 곳은 오늘날 멕시코의 이남 지역이었어. 에스파냐인들은 금을 찾기 위해 그곳에서 살고 있던 원주민들을 노예처럼 부려 먹었어.

　영국도 신대륙 식민지 건설에 적극적으로 뛰어들었어. 처음 영국은 왕위 계승과 같은 국내 문제로 해외 식민지 건설에는 관심이 없었어. 하지만 곧 영국도 에스파냐가 식민지를 통해 얻는 막대한 경제적 이득이 탐나기 시작했지.

　그래서 영국도 점차 식민지 건설에 관심을 보였어. 영국은 험프리 길버트와 월터 롤리 등의 탐험가들을 보내 북아메리카에 식민지를 건설했지만 실패하고 말았어. 이때 이들이 세운 식민지를 '사라진 식민지'라고 해. 비록 첫 식민지는 실패했지만 영국은 포기하지 않고 17세기 초, 다시 북아메리카로 갈 채비를 했어.

▲ 험프리 길버트야. 그는 영국의 군인이자 항해가로 엘리자베스 1세의 지원을 받아 영국의 식민지 개척에 나섰지.

▲ 월터 롤리야. 그는 영국의 군인이자 탐험가로 북아메리카를 탐험하여 식민지를 삼으려 했으나 실패했어.

최초의 식민지, 제임스타운

아메리카 대륙에 식민지를 건설하는 일은 힘겹기만 했어. 엄청난 비용이 드는 데다가 위험한 바다를 건너야 했고, 도착해서도 새로운 환경에서 적응해 살아가기가 무척 어려웠거든.

이에 영국, 네덜란드, 스웨덴 등은 모두가 함께하면 위험 부담을 줄일 수 있을 거라는 생각으로 주식회사를 만들어 식민지 건설에 앞장섰어. 이 중에서도 영국은 정부가 직접 나서서 식민지를 건설하지 않고, 회사에 식민지 건설에 대한 권한을 허락하는 특허장을 주었지. 특허장은 왕의 특별 허가를 받은 증서로, 회사는 수익의 일부를 왕에게 줘야 했어. 이런 방식의 식민지 개발은 개인과 회사, 왕실과 국가의 재정을 모두 튼실하게 해 주었어.

처음으로 세워진 주식회사는 1606년에 만들어진 식민지 건설 회사 '버지니아'야. 버지니아 회사는 지금의 미국 체서피크만에 사람들을 보냈어. 체서피크만에 도착한 그들은 제임스강 인근에 제임스타운을 건설했지. 이곳이 바로 북아메리카 최초의 식민지였어.

◀ 제임스타운은 지금의 미국 버지니아주 동부에 위치한 도시야. 최초의 영국 식민지인 제임스타운은 오늘날 문화재로 지정되어 보존되고 있어.

> 말라리아는 말라리아 모기에 물려서 걸리는 병으로 고열과 설사, 구토, 발작 등을 일으키는 전염병이야.

"이곳 어딘가에 황금이 산더미처럼 쌓여 있을 거야. 여기에 터전을 잡고 살아 보자."

처음 이곳에 정착한 사람들은 꿈에 부풀었어. 하지만 이주민들이 생각했던 것과 현실은 너무 달랐어. 금은 보이지 않았고 늪지대가 많은 제임스타운에서는 농사를 짓기도 힘들었어. 게다가 말라리아 같은 각종 질병이 들끓고 겨울에는 먹을 것이 없어 굶주림에 시달렸어. 결국 많은 사람들이 죽고 이주민 중의 일부만 살아남았어.

"우리가 살아남기 위해서는 원주민들의 도움을 받아야 합니다."

제임스타운에 정착한 이주민을 이끈 사람은 영국의 탐험가 존 스미스였어. 그는 '사라진 식민지'와 같은 일이 생겨나지 않도록 하기 위해 노력했지. 그중 하나가 원주민들의 도움을 받는 것이었어. 이전의 이주민들은 원주민을 업신여기고 그들 위에 군림하려고 했어. 하지만 존 스미스는 원주민들과 어울리면서 그들에게 도움을 요청했지. 원주민들은 자신들의 땅에서 옥수수, 콩, 호박 등의 작물을 키우며 사는 농부들이었어. 원주민들은 이주민에게 기꺼이 자신들의 농업 기술을 알려 주었어. 이주민들은 필요한 것들을 원주민과 물물 교환하며 부족한 식량과 자원들을 보충했어. 영국 최초의 식민지 제임스타운은 이렇듯 힘겹게 새로운 땅에 만들어지고 있었어.

▲ 존 스미스야. 영국의 탐험가로 제임스타운에 북아메리카 최초의 영국 식민지를 건설한 사람이지.

노예제와 아프리카인들의 눈물

제임스타운의 생활도 점차 안정을 찾아 갔어. 하지만 경제적으로는 풍족하지 않았지. 그래서 이주민들은 돈이 될 만한 새로운 무언가를 찾아야 했어. 이주민들은 곧 제임스타운의 토지가 담배 재배에 적합하다는 사실을 알아냈지. 담배는 이미 유럽에서 큰 인기를 끌고 있던 상품이었거든. 사람들은 담배를 재배해 유럽에 판다면 많은 돈을 벌 수 있을 거라 생각했어. 이주민들은 1612년에 유럽인의 입맛에 맞게 품종을 개량한 담배를 생산해 1614년 첫 수출에 성공했지. 담배의 인기가 계속해 높아지자 이주민들은 비옥한 땅을 찾기 위해 점점 더 내륙으로 들어갔어. 당연히 원주민들과 이주민들 사이에 충돌이 일어났지. 이주민들은 원주민들보다 더 강한 무기를 가지고 있었어. 그들은 이를 이용해 원주민들의 땅을 침범했고 원주민들은 속수무책으로 땅을 빼앗길 수밖에 없었어. 이주민들은 빼앗은 땅에 담

◀ 제임스타운의 담배 경작 모습이야. 제임스타운에서 담배 농사를 통해 벌어들인 수익은 버지니아의 주요 재원이 될 정도로 급격히 성장했어.

배 농장과 사탕수수 농장을 만들었어.

그러나 이주민들에게는 또 다른 문제가 있었어. 담배 농장과 사탕수수 농장이 점점 커질수록 그곳에서 일할 사람이 부족했던 거야.

"아프리카에서 노예들을 들여와 농장에서 일을 시키자."

이주민들은 아프리카에서 흑인 노예들을 사 농장에서 일을 시키기 시작했어. 이때부터 아프리카에서 강제로 잡아 온 흑인들을 노예로 거래하는 노예 무역이 시작된 거야. 이렇게 아프리카인들은 유럽인들 때문에 강제로 북아메리카에 발을 디디게 된 셈이지.

처음에는 노예라도 일정 기간 동안 일하고 나면 자유의 몸이 될 수 있었어. 하지만 17세기 말부터는 대규모 농장이 급속하게 늘어나면서 농장들의 부족한 일손을 채우기 위해 끌려오는 노예들이 늘어났고 그들의 상황도 더 열악해졌어. 한번 노예로 팔려 오면 그 신분

▼ 노예 무역선에 타고 있는 흑인의 모습을 그린 그림이야. 빽빽하게 들어선 사람들은 몇 달을 거쳐 오는 배 안에서 고통을 참지 못해 바다에 뛰어들기도 했어. 이후 영국인들은 노예들의 자살을 막기 위해 쇠사슬을 채웠지.

에서 벗어나지 못하게 된 거야. 또한 노예인 부모에게서 태어난 아이들은 태어나서 죽을 때까지 노예 신분으로 살아야 했어. 이 당시 이렇게 잡혀 온 사람들은 무려 천만 명이나 되었어.

유럽인들은 아프리카 내륙 깊숙이까지 들어가 사람들을 잡아 왔어. 그리고 그들을 일손이 필요한 신대륙의 농장에 팔아넘겼어. 아메리카 대륙에 끌려간 노예들은 담배, 사탕수수, 목화, 커피 등을 재배하는 대규모 플랜테이션 농장에서 극심한 노동에 시달려야 했어. 그들은 뙤약볕 아래에서 쉬는 시간도 없이 일했지. 잠시라도 한눈을 팔면 모진 채찍질을 당해야 했어. 견디다 못해 도망가는 사람들도 있었지만, 탈출에 실패하면 다시 잡혀 더 심한 고통을 당해야 했어.

> 플랜테이션이란 자본과 기술을 지닌 사람이 현지인의 값싼 노동력을 이용하여 특정 농산물을 대량으로 생산하는 방식을 뜻해.

이후 충분한 경제 성장을 이루고, 민주주의와 인도주의에 대한 관심이 높아지며 노예제를 반대하는 목소리가 흘러나왔어. 이들의 노력 끝에 영국은 1807년에 정식으로 노예 무역을 금지했어. 유럽 여러 나라들 역시 차츰 노예 무역을 금지하게 되었지.

◀ 사탕수수 농장에서 일하는 흑인 노예들을 그린 그림

청교도 혁명

영국은 엘리자베스 1세 이후 급격하게 변하기 시작해. 일찍부터 해외 식민지 건설에 앞장섰던 영국은 경제적으로 부유했어. 무역과 상업의 발달은 귀족들의 힘을 키우기에 충분했고 귀족들이 참여하고 있었던 의회의 힘도 점점 커지게 되었지. 이 시기에 영국은 의회를 중심으로 두 차례의 시민 혁명이 일어나는데 시민 혁명 이후 영국에서는 '입헌 군주제'라는 정치 제도가 탄생해. 그러다 보니 국왕은 커지는 의회의 힘을 견제할 수밖에 없었어.

엘리자베스 1세가 세상을 떠난 뒤 그녀에게는 자녀가 없었기 때문에 여왕의 조카뻘인 스코틀랜드의 왕 제임스 1세가 영국의 국왕으로 즉위했어. 제임스 1세는 영국의 영토 확장과 경제 발전에 힘썼던 엘리자베스 1세와는 많이 달랐어. 제임스 1세는 자신의 권력이 절대적이라고 생각해서 무엇이든지 자기 마음대로 하려고 했지. 의회를 존중하며 함께 나랏일을 의논하던 엘리자베스 1세와는 전혀 딴판이었지.

▲ 제임스 1세

◀ 제임스 1세는 영국과 스코틀랜드의 문장을 합쳐 통합 문장을 만들었어.

"아무리 왕이라고 해도 의회의 협조를 구해야 합니다."

"흥! 무슨 소리! 내가 왕이니 내 마음대로 세금을 걷겠어!"

제임스 1세는 의회의 동의도 받지 않고 국민에게 세금을 거둬들였어. 의회가 반발하자 그는 자신의 권력은 신에게 부여받았다는 왕권신수설을 주장했지.

문제는 제임스 1세의 아들인 찰스 1세 때 벌어졌어. 찰스 1세가 즉위하던 시기, 유럽에서는 로마 가톨릭교회와 신교 사이의 30년 전쟁이 벌어지고 있었어. 전쟁을 치르기 위해선 많은 돈이 필요했고, 찰스 1세는 갖가지 핑계를 대며 전쟁 비용을 마련했어. 그중 가장 유명한 것이 '선박세'야. 처음엔 바닷가에 사는 사람들에게만 선박세를 내라고 하더니 나중에는 산속에 사는 사람들에게까지 선박세를 내도록 강요했지.

"평생 동안 배를 한 번도 본 적 없는 나에게 세금을 내라고 하다니! 절대 못 내!"

참다못한 국민들은 세금 내기를 거부하기도 했어. 하지만 그럴 때마다 잡혀가 재판에 넘겨지고 처벌받았지. 찰스 1세는 여기서 그치지 않았어. 돈이 더 필요했던 거야. 그래서 의회를 소집하여 특별 세금을 거두게 해 달라고 정식으로 요청했어. 의회에서는 이 기회를 틈타 찰스 1세에게 몇 가지 조건을 내밀었지.

▲ 찰스 1세

의회 동의 없이 어떠한 과세나 공채도 강제하지 않는다.

법에 의하지 않고는 누구도 체포·구금되지 않는다.

민간인에게 군법을 적용해 재판하는 것을 금지한다.

의회는 이러한 내용이 담긴 청원서를 왕에게 전달하는데, 이것이 바로 '권리 청원'이야. 처음에는 국민들의 자유와 권리를 확보하기 위한 목적에서 시작한 권리 청원이었지만, 주권이 국왕에서 의회로 옮겨 가는 출발점이 되었지. 찰스 1세는 마지못해 권리 청원을 받아들이는 척했지만 이후로도 의회를 무시하고 전제 정치를 계속했어. 심지어 1629년에는 권리 청원을 전달한 의회를 해산하고 예전처럼 국민들에게 세금을 과하게 거두어들였지.

◀ 1628년에 영국 의회가 찰스 1세에게 제출하여 승인을 얻은 권리 청원서야.

국민들의 불만은 점점 커졌어. 거기다 영국 국교회를 믿는 찰스 1세는 주로 장로교를 믿는 스코틀랜드에 영국 국교회를 믿으라고 강요했어. 영국 국교회와 장로교는 모두 신교에 속하지만 각기 다른 파야.

찰스 1세의 종교 정책 때문에 1640년 스코틀랜드에서 반란이 일어났어. 반란을 진압하기 위해 찰스 1세는 어쩔 수 없이 의회에 도움을 요청했지. 하지만 의회는 오히려 찰스 1세에게 여러 요구 조건을 내걸었어. 의회는 국왕의 과한 세금 징수를 금지하고, 특별 재판소도 폐지하도록 요구했어. 나아가 잘못된 정책을 추진한 국왕의 측근들까지 사형에 처하도록 했어.

이에 반발한 찰스 1세는 의회와 전쟁을 벌였어. 1642년 왕당파와 의회파 사이에 치러진 전쟁, 바로 '영국 내전'이었지. 이 전쟁에서 영국의 정치가이자 군인인 크롬웰이 이끄는 의회파가 승리했어.

전쟁에서 진 찰스 1세는 1649년 공개 재판에서 사형에 처해지고 말아. 죄목은 반역죄, 즉 국가를 배신했다는 것이었지. 영국 의회와 왕이 맞붙어 의회가 결국 승리의 깃발을 든 이 사건이 바로 '청교도 혁명'이야. 청교도라는 이름이 들어간 이유는 전쟁을 지휘했던 크롬웰이 청교도인이었고 왕과 맞선 이들 대부분도 청교도인이었기 때문이야.

> 청교도란 16세기 후반, 영국 국교회에 반대하여 생긴 신교의 교파를 말해.

"믿을 수 없어! 국왕이 처형되다니!"

절대 왕정 사회였던 당시 유럽 여러 나라에 영국 국왕이 처형되었다는 소식이 전해지자 많은 사람들은 충격에

▶ 찰스 1세는 청교도 혁명 때 반역죄로 처형되었어.

빠졌어. 이전까지 왕이 처형된 경우는 없었거든. 의회가 국왕을 처형한 사건은 새로운 세상을 여는 신호탄이 되었어.

청교도인들의 뉴잉글랜드 정착

뉴잉글랜드는 미국 북동부에 있는 지역으로 메인, 뉴햄프셔, 버몬트, 매사추세츠, 코네티컷, 로드아일랜드의 여섯 개 주가 포함되어 있어. 뉴잉글랜드에 식민지를 건설한 이들은 영국에서 온 청교도인들이었어. 1620년 영국에서 종교적 박해를 받은 청교도인들이 메이플라워호를 타고 지금의 매사추세츠 지방에 도착한 거야. 그들은 메이플라워호에서 내리기 전 서약을 했어. 이 서약의 이름은 '메이플라워 서약'으로, 새로운 정착지에서 다수결의 원칙에 따라 정부를 운영하자는 내용이 담겨 있었지. 배에서 내린 이주민들은 이곳을 자신들이 떠나온 영국의 항구 이름과 같은 '플리머스'라고 지었어. 이들을 종교의 자유를 찾아온 순례자라는 뜻의 '필그림 파더스'라고 불렀지.

▶ 영국의 청교도들이 정착한 미국 북동부의 뉴잉글랜드

플리머스 정착이 안정화된 지 약 10년 후 영국에서 새로운 사람들이 배에 올랐어. 이들의 목적지는 매사추세츠주였어. 이들 역시 종교 탄압을 피하기 위해 영국을 떠나는 청교도들이었어.

"부패한 영국을 떠나자. 새로운 곳에서 우리의 신앙을 지키자."

그들은 매사추세츠주에 자리를 잡고 총회를 열어 법률을 만들고 투표를 통해 관리를 선출했어. 또한 교육의 중요성을 깨닫고 주민들을 가르칠 대학을 설립했지. 1636년에 이들이 세운 대학이 바로 하버드 대학교야. 청교도 이주민들은 하버드 대학교를 통해 교회에서 가르칠 목사와 교사를 양성했어.

그만큼 청교도인들의 삶에서 종교는 아주 중요했어. 정작 자신들은 종교의 자유를 외치며 영국을 떠나왔지만 이들 사회에서는 다른 종교를 용납하지 않았어. 오직 청교도만을 공식적인 종교로 인정했지. 투표권 역시 모든 사람에게 주어지지 않았고 청교도 남자들만 투표권이 보장되었어. 이런 체제에 불만을 내비치기라도 하면 추방당하기까지 했어.

▼ 새로운 정착지에서 청교도들은 대표를 선출하여 총회에서 법을 만들고 자치 기구도 운영했어.

▼ 하버드 대학교 전경

역사 속 재미 쏙

추수 감사절의 기원

뉴잉글랜드에 정착한 청교도인들이 낯선 환경에 적응할 수 있도록 도와준 것은 원주민들이었어. 청교도들이 먹고사는 데 어려움을 느끼지 않도록 원주민들은 이주민에게 씨 뿌리는 법, 물고기 잡는 법 등을 알려 줬어. 야생 동물인 칠면조도 잡아 선물했지. 원주민들의 도움으로 이주민들은 정착한 첫해에 혹독한 겨울을 넘기고 이듬해 봄에 씨앗을 뿌려 가을에 첫 수확을 거두었어. 이주민들은 수확의 기쁨을 원주민들과 함께 나누었어. 원주민들을 초대해 음식을 나누고 감사의 마음을 전했지. 이것이 추수 감사절의 기원이야. 미국에서는 오늘날까지도 이 전통이 이어지고 있어.

▲ 플리머스에서 최초의 추수 감사절을 지내는 모습

확대되는 식민지

뉴욕에 처음으로 식민지를 건설한 나라는 네덜란드였어. 무역과 상업이 발달한 네덜란드는 원주민들과 거래를 위해 현재의 맨해튼과 허드슨강 인근에 기지를 건설했어. 그리고 이 일대를 '뉴네덜란드'라고 부르고 자신들에게 소유권이 있다고 주장했어.

정착지를 점차 확대하고 있던 영국은 네덜란드가 차지하고 있던 뉴욕이 탐났어. 1664년 영국 왕 찰스 2세의 동생인 요크 공(Duke of York)은 군대를 보내 뉴네덜란드를 점령했어. 막강한 군사력을 갖춘 영국에 네덜란드는 두 손 들 수밖에 없었지. 이후 뉴욕은 요크 공의 이름을 따 뉴욕(New York)이라고 불리게 되었어.

한편 뉴저지주 근처에도 종교의 자유를 찾아온 사람들이 터전을 잡았어. 그들은 크리스트교의 한 교파인 퀘이커파의 교도들로, 교회 중에서 가장 급진적인 성격을 띠는 사람들이었어. 퀘이커파는 평화주의를 실천하며 살인과 폭력을 멀리했고 전쟁도 반대했지. 또 모든 사람은 평등하다고 주장하며 차별을 금지하고 이 시기에 성행했던 노예제 역시 반대했어. 이런 여러 가지 이유로 영국 왕실과 교회, 귀족들은 퀘이커파를 싫어했어. 이들도 영국에서의 억압받는 삶을 벗어나 자유롭게 살고 싶어 했지.

▲요크

그러던 중 기회가 찾아왔어. 퀘이커교도인 윌리엄 펜이 찰스 2세에게 북아메리카의 델라웨어강 서쪽에 대한 지배권을 허가받았어. 윌리엄 펜은 퀘이커파를 이끌고 신대륙으로 건너가 이 땅을 펜실베이니아라고 부르고 자신들만의 보금자리를 만들었어.

윌리엄 펜은 펜실베이니아로 온 이들에게 땅을 나눠 주었어. 또

▲ 윌리엄 펜

법률을 만들고 투표를 통해 관리자를 뽑았지. 한 그룹이 권력을 독차지하지 않도록 하기 위해 견제하는 기구도 만들었어. 어린아이들을 교육할 학교를 짓고, 병원과 고아원 등을 만들어 복지에도 힘을 쏟았어. 이들은 원주민들의 땅을 함부로 빼앗지 않고 적당한 보상을 하여 원주민들과 큰 갈등 없이 지냈어. 비옥한 토지, 온화한 기후 등 지리적으로도 이점이 많아 펜실베이니아는 점차 안정적인 사회로 발전해 나갔어. 이 때문에 퀘이커파뿐 아니라 자유로운 신앙생활을 하고 싶었던 많은 사람들이 펜실베이니아로 건너갔단다.

윌리엄 펜과 원주민이 ▶
조약을 맺는 모습

북아메리카의 영국 식민지

노스캐롤라이나, 사우스캐롤라이나, 조지아가 있는 북아메리카 동남부 지역에는 잇달아 영국의 식민지가 건설된 것을 시작으로 찰스 2세가 귀족들에게 버지니아 남쪽 땅을 하사하면서 식민지가 건설되었어. 버지니아와 붙어 있는 노스캐롤라이나는 버지니아에 있던 이주민들이 몰려와 터전을 잡았지. 사우스캐롤라이나에도 농장이 곳곳에 생겨났는데 아프리카에서 흑인 노예들을 데려와 식물성 염료인 인디고 등을 재배하며 농장을 꾸려 나갔어.

북아메리카에 마지막으로 식민지가 만들어진 곳은 조지아야. 조지아 아래에는 플로리다가 자리 잡고 있는데 이곳은 에스파냐령이었거든. 영국은 에스파냐와의 충돌을 우려해 조지아 지역을 비워 놓고 눈치를 보고 있었지. 그래서 조지아는 제일 마지막에 만들어진 식민지가 되었어.

1700년대 초 북아메리카 대서양 연안에 만들어진 13개의 영국 식민지는 종교도, 정착지의 환경과 생활 방식도 달랐지만 점차 안정적인 모습을 갖춰 갔어.

▶ 북아메리카 동부에 건설된 13개의 영국 식민지

쫓겨나는 원주민

북아메리카는 엄연히 원주민들이 평화롭게 살고 있던 땅이었어. 그런데 어느 날 갑자기 유럽인들이 북아메리카로 몰려와 마치 자신들의 땅인 것처럼 행세했지. 물론 원주민에게 대가를 지불하고 땅을 사들이기도 했고 원주민들 역시 자신의 땅을 기꺼이 나누어 주기도 했어.

하지만 이주민들이 계속해서 자신들의 세력을 넓혀 나가며 충돌이 생겼어. 이주민들이 점차 늘어나면서 정착지를 확대해 가자 원주민들은 속수무책으로 밀려날 수밖에 없었지. 이주민들은 자신의 터전을 떠나지 않으려고 하는 원주민을 무참히 살해하거나 마을에 불을 지르기도 했어.

"이대로 가만히 있을 수는 없어요. 저들이 우리의 모든 것을 빼앗아 갈 거예요."

점차 세력을 넓혀 오는 이주민들을 보며 원주민 부족들이 모여 회의를 했어. 그리고 마침내 원주민 부족들은 이주민을 대상으로 전쟁을 선포하지. 원주민 부족의 추장이었던 메타콤이 이끄는 원주민 부족 연맹은 1675년 매사추세츠를

▶ 1675년 이주민과의 전쟁을 이끈 원주민 추장 메타콤

공격했어. 이주민들 역시 바로 반격에 나섰고 두 집단의 치열한 전쟁은 1년 동안 계속되었어. 이주민들은 메타콤을 '필립왕'이라고 불렀는데 메타콤이 가톨릭의 세례를 통해 필립이라는 세례명을 받았기 때문이야.

결국 메타콤의 죽음으로 이주민들이 전쟁에서 승리했어. 이후 이주민들은 더 활개를 치며 원주민들이 사는 곳을 자신들의 터전으로 삼았어. 이 전쟁은 '필립왕의 전쟁'이라 불려. 필립왕의 전쟁으로 뉴잉글랜드에 살던 이주민의 16분의 1이 죽고 원주민들은 거의 몰살당했다고 해. 남아 있던 원주민들은 겁을 먹고 이주민들을 피해 뿔뿔이 흩어졌지.

> 세례란 가톨릭에서 정식으로 신자가 되는 의미로 베푸는 의식이야.
>
> 세례명은 세례 때 붙이는 이름으로 성경에 나오는 인물이나 성인의 이름을 사용해.

▼ 필립왕의 전쟁을 그린 그림

▲ 프랑스의 탐험가 자크 카르티에의 동상

프랑스의 북아메리카 식민지 건설

프랑스도 북아메리카에 관심이 있었어. 하지만 프랑스인들의 이주 목적은 영국과는 달리 원주민들과 교역을 하기 위해서였어. 탐험가 자크 카르티에는 탐험대를 이끌고 1534년 프린스에드워드섬을 발견했어. 그리고 1535년 세인트로렌스강을 거슬러 퀘벡 지방에 도착했지. 프랑스인들은 뉴펀들랜드에 정착촌을 만들어 원주민들과 모피 교역을 하기도 했어.

사뮈엘 드 샹플랭은 1608년 북아메리카에 퀘벡 식민지를 건설했어. 그리고 퀘벡 인근에 살고 있는 원주민 부족과 교역을 시작했지. 사뮈엘 드 샹플랭은 프랑스가 북아메리카로 진출하는 데 큰 활약을 한 인물이야.

1673년 프랑스가 보낸 탐험대는 미시시피강을 따라 내려가 미국 남부에 닿았어. 그리고 미시시피강과 그 주변을 자국의 것이라고 주장했지. 또 프랑스는 당시 국왕인 루이 14세의 이름을 따 그곳을 루이지애나라고 이름 붙였어. 그리고 미시시피강 하류에 농장을 만들고 운영하며 도시로 발전시켰지.

▲ 사뮈엘 드 샹플랭

영국과 프랑스의 식민지 쟁탈전

북아메리카에서 유럽 강대국들은 서로 땅을 차지하기 위한 다툼을 자주 벌였어. 처음에는 프랑스, 영국, 에스파냐, 네덜란드가 서로 소유권을 주장하며 으르렁거리다가 점차 프랑스와 영국의 대결로 좁혀졌어. 전쟁은 유럽 본토에서 먼저 발발했지만 점차 식민지까지 확대되었어. 영국과 프랑스의 첫 식민지 전쟁은 북아메리카에서 일어난 윌리엄 왕 전쟁(1689~1697)이었어. 이후 앤여왕 전쟁(1701~1713)이 발발했지. 한동안 잠잠한가 싶더니 약 30년 뒤쯤 조지왕 전쟁(1744~1748)이 일어났어.

1775년에서는 프렌치 인디언 전쟁이 일

▲ 윌리엄왕 전쟁 당시 휴전 조약을 맺는 모습을 그린 그림이야. 윌리엄왕 전쟁은 영국의 윌리엄 3세와 프랑스의 루이 14세 때에 북아메리카에서 일어난 영국과 프랑스의 식민지 전쟁이지.

◀ 조지왕 전쟁 때의 모습을 그린 그림

어났어. 이 전쟁은 북아메리카 오하이오강 주변의 땅을 차지하기 위한 싸움이었는데 프랑스가 있던 원주민들을 끌어들이며 싸움이 점점 커져 1763년까지 계속되었어. 영국 입장에서는 프랑스와 인디언이 동맹을 맺어 영국에 맞섰기 때문에 '프렌치 인디언 전쟁'이라고 이름 붙였어.

▲ 조지 워싱턴

영국과 프랑스의 전쟁에서 원주민들은 주로 프랑스의 편에 서서 영국에 맞섰어. 둘 다 침입자들이긴 했지만 원주민들을 내쫓고 땅을 차지한 영국보다 원주민의 문화를 이해하고 교역에 관심을 보인 프랑스 편에 서는 게 더 낫다고 생각한 것이었지.

하지만 전쟁 초반 원주민들의 협조 덕분에 승리하는 듯하던 프랑스는 전쟁이 길어질수록 힘을 잃어 갔어. 그에 비해 섬나라 영국은 해군의 힘이 막강했지. 영국의 윌리엄 피트는 지휘권을 잡고 국군을 해전에 배치시키며 전술을 바꿨어. 또 식민지로 오는 프랑스 함선을 막아 프랑스 군대의 지원을 끊어 버렸지. 그 결과 영국은 프랑스의 요새를 빼앗고 퀘벡까지 차지했어. 특히 후에 '미국 건국의 아버지'로 불리게 되는 조지 워싱턴이 이끄는 민병대가 큰 활약을 했지.

민병대란 민간인으로 구성한 부대, 또는 그 구성원을 뜻해.

이렇게 북아메리카에서의 주도권은 영국으로 넘어갔지. 프랑스는 프렌치 인디언 전쟁에 패하며 1763년 파리 조약을 체결해야 했어. 프랑스는 전쟁에 패한 대가로 캐나다는 물론 인도에 있던 대부분의 식민지와 미시시피강 인근의 프랑스 영토를 영국에 넘겼단다.

◀ 프렌치 인디언 전쟁 당시의 모습을 그린 그림

세금 폭탄과 독립의 꿈

북아메리카에 식민지가 만들어진 시기에 영국은 청교도 혁명과 명예혁명 등으로 혼란스러운 정치 상황이 이어지고 있었어. 나라 안의 분위기가 혼란스러우니 북아메리카의 식민지까지 신경을 쓸 겨를이 없었지.

북아메리카의 이주민들 역시 초반 힘겨운 정착 생활을 딛고 경제적 안정을 찾고 있었어. 그들은 아메리카 대륙에 살고 있었지만 그곳 역시 영국 땅으로 생각하고 자신들이 영국인이라는 사실을 자랑스럽게 여기며 영국 왕에게 충성했어.

그런데 파리 조약에 의해 아메리카 대륙에서 프랑스 군대가 사라지자 영국은 식민지에 대한 통제를 더욱 강화하려고 했어. 1763년 영국은 이주민들이 원주민과 통상을 할 수 없으며 애팔래치아산맥 너머 서쪽으로 땅을 넓힐 수 없다는 국왕 선언을 발표했어. 거기다 치안 유지를 위해 영국군이 상주하도록 하고 그 비용을 이주민들이 부담하도록 강요했지. 그런데 이주민들을 더욱 화나게 한 일이 일어났어.

영국은 프렌치 인디언 전쟁을 비롯한 여러 전쟁으로 막대한 전쟁 비용을 감당해야 했어. 이것을 식민지인 아메리카 대륙 이주민들에게 세금을 걷어 보충하려고 했던 거야.

잦은 전쟁을 치르느라 국고가 이미 바닥난 영국은 자신들이 식민지에 군대를 보내 이주민을 보호해 줬으니 당연히 이주민들이 받은 만큼 세금을 내야 한다고 생각했지. 영국은 식민지에 곧장 세금을 매겼어. 1764년 영국은 설탕법을 제정했고 커피, 포도주, 견직물 등 아메리카로 들어오는 물건들에 대한 세금을 정했어. 대부분의 물건이 유럽에서 들어왔으니 이주민들은 울며 겨자 먹기로 받아들일 수밖에 없었지. 이주민들의 불만이 하늘을 찌르고 있는 사이 영국은 세금을 더 물게 할 궁리를 이어 나갔어. 1765년에는 인지세법을 제정하기에 이르지. 인지는 수수료나 세금 등을 낸 것을 증명하기 위해 서류에 붙이는 종이로 된 표를 말해. 인지세법이란 식민지에서 발행하는 인쇄물에 인지를 붙이고 세금을 물게 하자는 법이야.

"정말 해도 해도 너무하는군요. 이제는 인지세까지 내야 하다니요. 본국에서 마음대로 정한 법을 왜 따라야 하나요?"

"맞습니다. 우리 대표를 본국 의회로 부른 적도 없는데 우리가 이 법을 받아들여야 할 이유가 없습니다."

이주민들은 하나같이 반대했어. 그리고 '대표 없는 곳에 과세 없다.'라는 원칙을 주장하며 저항 운동을 시작했지. 이주민들은 곳곳에서 시위를 벌이고 의회를 중심으로 영국 본국에 탄원서를 보내서 인지세법을 취소해 달라고 했어. 영국 상품 불매 운동도 벌였지. 이주민들의 강한 저항에 영국은 인지세법을 취소했단다.

그러나 그것도 잠시, 영국은 다시 아메리카 이주민들이 수입하는 종이, 유리, 차(茶) 등에 세금을 매기기 시작했지. 당시 영국의 재무 장관 타운센드가 만든 법이라서 이를 타운센드법이라고 해. 식민지인들은 더욱 강하게 반발했어. 영국은 결국 차에 대한 수입 관세만 남겨 놓고 나머지는 철회했지.

하지만 차에 대한 관세가 남아 있는 이유가 있었어. 당시 파산 직전인 동인도 회사를 지원하기 위해 영국이 동인도 회사에 차에 대한 독점권을 준 거야. 차는 이주민들이 즐겨 마시는 기호 식품으로, 많은 수입을 올리는 품목 중 하나였어. 이렇게

당시 북아메리카의 영국 식민지 13개 주는 '식민지 의회'라는 자치 제도를 가지고 있었어. 그런데 영국 본국의 의회가 아무런 협의 없이 강제로 인지세법을 정하자 이에 대한 저항이 일어났지.

▲ 타운센드

되면 차를 수입하는 상인들은 막대한 손해를 볼 수밖에 없었지.

영국의 이런 행태에 이주민들은 참을 수 없었어. 그리고 마침내 결단을 내렸어.

"우리는 모호크족이다!"

"배에 실린 차를 모조리 바다로 버려라!"

아메리카 원주민 차림을 한 이들이 외쳤어. 사실 그들은 원주민이 아니었어. 원주민 복장을 한 이주민들이었지. 그들은 영국에 대항하는 '자유의 아들단'이라는 조직을 만들었어. 그리고 북아메리카 원주민 모호크 부족으로 위장해서 보스턴 항구에 정박되어 있는 영국 동인도 회사의 배에 올라탔지. 그러고는 배 위에 가득 쌓여 있던 차 상자를 모조리 바다로 던져 버렸어. 이 사건이 바로 1773년 12월 16일에 일어난 '보스턴 차 사건'이야.

이 사건 이후 영국은 더욱 강력하게 식민지를 압박했어. 매사추세츠 식민지 의회의 입법권을 빼앗아 영국 왕에게 넘기고 보스턴 항구법을 제정해 이민자들에게 피해 보상을 요구했지.

1774년 이주민 대표들이 필라델피아에 모여 긴급회의를 열었어. 이것이 바로 제1차 대륙 회의야. 이주민들은 자신의 재산과 생명, 그리고 자유를 지키기 위한 독립이 절실했어. 이주민들은 저마다 영국으로부터

▲ 1773년 일어난 보스턴 차 사건을 그린 그림

독립하겠다는 희망을 가슴에 품었어. 이렇게 보스턴 차 사건은 훗날 미국 독립 혁명의 중요한 계기가 되었단다.

독립 혁명이 발발한 계기에는 영국이 식민지 이주민들에게 부당하고 무거운 세금을 부과한 경제적인 이유도 있었어.

북아메리카의 식민지들은 '자유'를 주장하며 독립 혁명을 일으켰어.

역사 속 상식 쏙

영국이 북아메리카 식민지에 만든 '참을 수 없는 법'

영국이 북아메리카 식민지를 다스리기 위해 만든 법률이 영국 의회를 통과하자 13개의 식민지는 분노했어. 제정된 법이 모두 식민지 이주민들에게 너무나 부당한 내용을 담고 있었기 때문이야. 그래서 이주민들은 이 법을 '참을 수 없는 법'이라고 불렀어. 결국 '참을 수 없는 법'은 미국 독립을 촉발하는 계기가 되었지.

① **보스턴 항구법:** 보스턴 차 사건 때에 버려진 차의 배상을 받을 때까지, 또한 질서가 회복되어 왕이 만족할 때까지 보스턴 항구를 폐쇄한다는 내용이야.

② **매사추세츠 통치법:** 매사추세츠주를 영국 정부의 지배 아래 둔다는 내용이야.

③ **재판권법:** 식민지 이주민이 고소한 영국 본국의 관리나 군인을 본국에서 재판하도록 한 법률이야.

④ **병영법:** 영국군이 식민지에 주둔하기 위해 필요한 비용을 이유로 만들어진 법으로 식민지 이주민들이 영국 군인들을 위해 식량과 병영을 제공하도록 한 법이야.

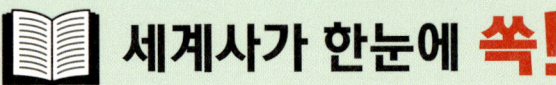

세계사가 한눈에 쏙!

01 북아메리카에 식민지를 건설한 최초의 나라는 영국이다. 영국은 탐험가들을 보냈지만, 첫 번째 식민지 건설 시도는 실패했다. 그러나 영국은 포기하지 않고 다시 북아메리카로 사람들을 보냈다.

02 귀족과 상인들은 식민지 건설 회사인 '버지니아 회사'를 만들어 최초의 식민지 '제임스타운'을 건설했다. 버지니아 회사에 소속된 이주민들은 식민지의 낯선 환경에서 살아남기 위해 원주민들의 도움을 받기도 했다.

03 당시 유럽에서 인기가 많던 담배를 재배하기 위해 이주민들은 원주민이 살던 터전을 빼앗고 대규모 담배 농장을 만들었다. 또 아프리카에서 흑인들을 강제로 잡아 와 노예로 부리며 담배, 사탕수수, 커피, 목화 등을 재배하는 플랜테이션 농장에서 일하게 했다. 노예들은 이곳에서 극심한 노동에 시달리며 비참한 생활을 해야 했다.

04   미국 북동부에 있는 뉴잉글랜드에 식민지를 건설한 청교도인들은 영국에서 종교의 자유를 얻기 위해 떠나온 사람들이었다. 이들은 매사추세츠주에 자리를 잡고 총회를 통해 법률을 만들고 대학교도 설립했다.

05   영국의 뒤를 이어 프랑스가 북아메리카에 식민지를 건설하려 하면서 영국과 프랑스 사이에 전쟁이 여러 차례 벌어졌다. 결국 전쟁에서 영국이 승리했고 북아메리카 대서양 연안에 영국의 13개 식민지가 건설됐다.

06   잦은 전쟁으로 국고가 바닥난 영국은 식민지에 세금을 요구했다. 인지세법, 타운센드법에 이어 동인도 회사에 차에 대한 독점권까지 주자 그동안의 불만이 폭발한 이주민들은 원주민 부족으로 위장해 보스턴 항구에 있던 차 상자를 모조리 바다로 던져 버렸다. 이 사건이 바로 '보스턴 차 사건'이다.

5장
과학 혁명

| 세계관의 변화
| 코페르니쿠스의 지동설
| 지동설을 다진 케플러
| 그래도 지구는 돌고 있다
| 뉴턴의 사과
| 경험론과 합리론의 발달

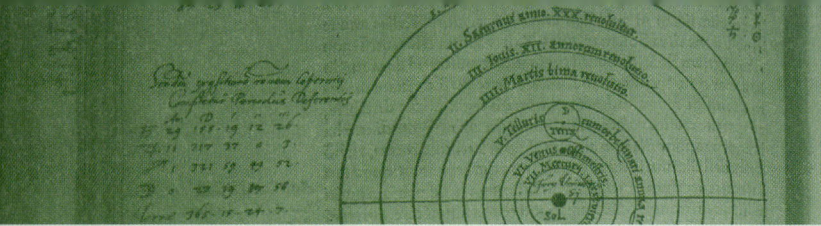

17~18세기 유럽인들은 무엇이든지 신 중심으로 생각하는 중세적 사고방식에 의문을 품기 시작했어. 교회와 성직자들의 부패 문제, 잦은 종교 전쟁 등으로 궁핍한 생활을 하던 민중은 그동안 절대 진리로 여겼던 교회와 신학의 가르침이 사실이 아닐 수 있다고 생각했어. 또한 르네상스, 종교 개혁 등을 거치면서 이런 생각은 더 확고해졌지. 사람들은 모든 것을 의심하고 관찰하며 실험해서 증명하는 과학적 사고에 더욱 관심을 기울이게 되었지. 즉, 과학적으로 증명할 수 있는 것만이 진리라고 생각하게 된 거야. 이것을 '과학 혁명'이라고 해.

코페르니쿠스의 '지동설'은 그런 사람들의 인식 변화에 불을 지폈어. 베이컨과 데카르트는 과학적 사고방식을 확립하며 경험과 이성적인 의심의 중요성을 알렸어. 지동설을 더욱 확고히 한 갈릴레이에 이어 등장한 뉴턴은 '만유인력의 법칙'을 발견하여 인간이 다가갈 수 없다고 생각했던 우주도 과학으로 접근할 수 있다는 자신감을 얻게 했어.

그럼 17세기 유럽 사회를 흔든 과학 혁명을 더 자세히 살펴볼까?

▼ 근대 철학의 아버지로 불리는 데카르트

세계관의 변화

중세 시대 유럽에서는 교회와 신앙이 모든 삶의 방식과 생각의 중심이 되었어. 교회의 가르침에 반대하거나 의심을 품는 일은 상상하기 어려웠지. 음악, 미술, 건축, 문학, 철학 등 모든 학문들조차 신을 높이기 위한 일이었어.

그런데 십자군 전쟁이 실패로 끝나고 교회의 부패를 지켜보면서 사람들은 자신들이 믿고 있던 신앙을 의심하기 시작한 거야.

"그동안 믿었던 신의 가르침이 사실일까?"

"신이 정말 존재할까?"

신은 가장 고귀한 존재이고 크리스트교가 모든 학문의 중심이라고 주장했던 토마스 아퀴나스의 사상에 회의와 비판이 쏟아졌지. 이런 비판적 사고방식은 르네상스와 종교 개혁 이후 더욱 확고해졌어. 이들은 교회 비판을 넘어 사회까지 비판하기에 이르렀어. 과학의 발달이 새로운 사실들을 증명하며 비판적 사고에 힘을 보태 주었어. 코페르니쿠스가 주장한 지동설은 중세적인 사고방식을 깨뜨리는 데 결정적인 역할을 했단다.

▲ 토마스 아퀴나스

코페르니쿠스의 지동설

17세기 이전 유럽인들은 천동설을 믿었어. 천동설은 모든 천체가

▲ 코페르니쿠스

지구를 중심으로 돌고 있다는 생각이야. 태양도 마찬가지로 지구를 중심으로 돈다고 생각했지. 당시 모든 사람들은 이렇게 믿고 있었어. 어쩌면 이런 생각은 당연했지.

실제로 태양이 지구를 중심으로 도는 것 같아 보였거든. 그렇게 믿고 있던 사람들의 생각에 중세의 신 중심 사상이 더해진 거야. 그때까지 사람들은 모든 만물의 중심은 신이라고 생각했어. 성서에는 인간이 신의 형상을 따라 만들어진 존재라고 나와 있으니 그 인간들이 살고 있는 지구가 우주의 중심인 것이 당연하게 받아들여졌어. 그래서 당시의 사람들은 전지전능한 신이 만든 우주의 천체들이 완전하게 둥근 모양을 하고 모두 같은 속도로 지구를 중심으로 돌고 있다고 믿었지. 이런 생각, 즉 천동설을 깬 사람은 코페르니쿠스였어.

어릴 적부터 별에 관심이 많았던 코페르니쿠스는 크라쿠프 대학에서 천문학을 공부했어. 코페르니쿠스도 처음에는 지구가 우주의 중심이며, 지구를 중심으로 별들이 돌고 있다고 생각했지. 그러던 어느 날 천문 관측기구들로 행성과 항성의 위치를 측정하던 코페르니쿠스는 행성과 항성의 움직임에 대한 그동안의 이론이 틀렸다는 것을 발견했지. 그는 다른 과학책을 모조리 찾아 읽기 시작했어. 그리

> 행성은 중심 별의 강하게 당기는 힘 때문에 타원 궤도를 그리며 도는 별이야.
>
> 항성은 위치를 바꾸지 않고 별자리를 구성하는 별이지.

고 곧 아리스타르코스라는 옛 그리스 천문학자의 책을 읽게 된 거야. 그는 기원전 280년 무렵에 태양이 지구를 도는 게 아니라 지구가 태양 주위를 돈다는 견해를 내놓았어. 사실 아리스타르코스 말고도 몇몇 과학자들이 같은 추정을 하고 있었지.

코페르니쿠스는 그들의 생각을 바탕으로 연구한 끝에 지구가 태양을 중심으로 돌고 있고, 다른 행성들 역시 태양 주위를 돌고 있다는 사실을 발견했어. 이것을 '지동설'이라고 해.

코페르니쿠스는 자신의 생각에 확신이 있었어. 하지만 감히 그런 생각을 입 밖으로 꺼낼 수는 없었지. 천동설을 인정하고 있는 교회에 정면으로 도전하는 일이 몹시 위험했기 때문이야. 자칫 잘못하면 자신이 이단으로 몰릴 게 뻔했거든. 그리고 누구보다 독실한 로마 가톨릭교회 신자였던 코페르니쿠스는 지동설이 옳다는 확신은 있었지만 자신이 쓴 논문을 곧바로 발표하지 않았어. 그는 죽기 직전 《천체의 회전에 관하여》라는 책을 내고 세상을 떠났어. 거기에 지동설에 대한 내용을 담았지.

코페르니쿠스의 책이 발표된 뒤 교회는 그의 책이 세상에 나오는 걸 금지하고 읽을 수도 없도록 했어. 교회와 반대되는 생각이었기 때문이지. 하지만 코페르니쿠스의 이론을 받

▲ 코페르니쿠스의 책인 《천체의 회전에 관하여》

아들이는 사람들이 점점 늘어났어.

지동설을 다진 케플러

코페르니쿠스의 지동설에도 허점은 있었어. 그는 행성들이 원운동을 한다고 생각했지만 실제와는 달랐고, 지구의 자전과 공전의 증거를 밝혀내지도 못했지. 코페르니쿠스의 이론에서 한 발짝 더 나아간 사람은 독일 출신의 천문학자 케플러였어. 케플러는 '별자리의 아버지'라 불리는 그의 스승 브라헤가 남긴 천문 관측 자료를 바탕으로 천체 연구를 시작했어.

브라헤는 천동설을 지지했지만 케플러는 지동설에 더 무게를 두었어. 천동설로 우주를 바라보기엔 허점이 많았거든. 케플러는 코페르니쿠스의 지동설을 연구하며 당시 설명이 부족했던 부분을 보완했

> 자전이란 천체가 스스로 도는 운동을 말해.
>
> 공전이란 한 천체가 다른 천체를 도는 운동, 예를 들어 행성이 태양을 도는 운동을 말해.

▲ 브라헤

▲ 케플러

어. 그리고 자신의 이름을 붙여 '케플러의 법칙'으로 행성 운동을 정리했지. 케플러의 법칙은 훗날 뉴턴이 발견하는 만유인력의 법칙에 수학적인 기초가 되었어.

그래도 지구는 돌고 있다

케플러 이후 천문학자들 중심으로 우주의 행성들이 부딪치지 않고 질서 정연하게 움직인다는 사실이 밝혀졌어. 과학자들은 우주의 규칙을 이해하고 이것을 수학으로 표현했지. 이제 사람들은 모든 것들을 과학으로 설명할 수 있다고 생각하기 시작했어. 이런 생각의 변화로 사람들에게는 저마다 과학적 이성이 싹텄지.

코페르니쿠스와 케플러에 이어 혜성처럼 나타난 사람은 갈릴레이야. 케플러가 이론으로 지동설을 설명했다면 갈릴레이는 망원경을 이용해서 직접 관찰한 끝에 지동설을 증명했지. 17세기의 과학자들은 이렇게 관찰로써 증명할 수 있는 사실을 많이 연구했어.

그러다 보니 여러 가지 과학 실험 도구 또한 발달하게 되었어. 이런 도구들 덕분에 과학적 사고는 더욱 확산되었어. 갈릴레이도 자신이 발명한 망원경으로 달의 표면을 관측했지.

▲ 갈릴레이

위성은 행성의 잡아당기는 힘(인력)에 의해 그 둘레를 도는 천체를 말해.

▲ 갈릴레이의 《별 세계의 보고》 중 목성의 위성을 언급하고 있는 부분이야.

또 목성의 위성을 발견하고 태양의 흑점을 찾아냈지. 갈릴레이가 관측을 통해 본 목성은 그동안 사람들이 생각한 것과는 확연히 다른 모습이었어. 당시 사람들은 지구가 우주의 중심이니 목성을 도는 위성은 없을 것이라고 생각했고, 달 표면에는 천사가 살고 있기에 표면이 말끔할 것이라고 생각했거든. 사람들은 갈릴레이의 관측으로 그동안 생각하고 믿어 왔던 것들이 실제와 다르다는 것을 알게 되었지. 또한 갈릴레이의 관찰은 지동설을 뒷받침하는 근거가 되었어. 갈릴레이는 1610년 자신이 연구한 내용을 정리해 《별 세계의 보고》라는 책으로 썼어. 갈릴레이의 책은 순식간에 엄청난 속도로 팔려 나갔어. 갈릴레이는 연달아 책을 발표했어. 갈길레이는 큰 성공을 거둔 것처럼 보였어. 하지만 많은 사람들이 주목하기 시작하자 예상치 못한 일이 벌어졌어.

"갈릴레이는 신을 부정하는 이단이다!"

"갈릴레이를 처벌해야 한다!"

1615년 교황 바오로 5세는 갈릴레이를 불러 지동설에 대해 설명할 것을 요구했어. 많은 이들이 갈릴레이를 고소했기 때문이야. 갈릴레이는 자신의 연구 결과를 설명했지만 교황청은 이를 받아들이지 않았어. 그의 이론이 교회의 권위를 무너뜨린다고 생각했기 때문이었지. 이후 갈릴레이의 책들은 금서가 되고 지동설을 가르치는 일까

갈릴레이는 지동설을 주장하는 것에 대해 로마 교황청의 경고를 받았어. 그래서 이후에는 지동설을 간접적으로 드러내는 방식으로 책을 썼지. 그럼에도 그는 1633년에 종교 재판을 받게 돼.

지 금지됐어. 갈릴레이는 교회의 눈치를 보며 조용한 나날을 보내야만 했어. 하지만 그는 책을 쓰는 일을 멈추지 않았어. 갈릴레이는 코페르니쿠스의 학설을 지지하는 책 《프톨레마이오스와 코페르니쿠스의 2대 세계 체제에 관한 대화》를 썼어. 이 책에서는 지동설을 하나의 가설로 제시하며 혹시라도 교회의 심기를 건드리지 않게 조심했어. 그러나 이 책도 곧 판매가 금지되고 말아. 게다가 로마 종교 재판소에 출두하라는 명령을 받게 되지.

"아직도 지동설을 주장하나?"

"코페르니쿠스가 그렇게 주장했을 뿐이고, 나는 그 학설에 동의한 것입니다."

"동의란 무엇이냐?"

"같은 생각이란 뜻입니다."

"지구가 돌고 있는가?"

"지구는 돌지 않습니다."

갈릴레이는 교회의 심문에 못 이겨 지동설이 허위라고 말했지만 여전히 지구는 돌고 있다고 생각했어. 갈릴레이는 형을 마치고 감옥에서 나왔지만 외출은 금지되었어. 하지만 그는 연구를 그치지 않고 《두 개의 신과학에 관한 수학적 논증과 증명》을 썼어. 그러자 갈

▲ 교황청의 심문을 받는 갈릴레이

릴레이가 세상을 떠났을 때 교황청은 그의 비석을 세우는 일도 허락하지 않았지.

당시 교황청은 신학을 비판하고 종교를 의심한다는 이유로 과학자들을 배척하고 힘으로 누르려 했어. 하지만 과학적 사실과 진실을 알고 싶어 하는 사람들의 열망은 누르지 못했어. 이성과 과학은 성큼성큼 앞으로 나아가고 있었지.

"그래도 지구는 돌고 있다."라는 갈릴레이의 유명한 말은 사실 시간이 지나면서 만들어진 이야기일 가능성이 커. 하지만 이 말은 17~18세기에 일어난 과학 혁명을 상징하는 말이 되었어.

뉴턴의 사과

지구가 태양 주위를 돌고 있다는 사실이 밝혀진 것은 우주적 사건이었어. 하지만 사람들에게 여전히 우주는 낯선 존재였지. 그러던 중 뉴턴이 등장했어.

뉴턴은 갈릴레이가 세상을 떠난 해인 1642년에 태어났어. 아버지는 태어나기 전에 돌아가시고, 어머니는 그가 세 살이 되던 해 재혼했어. 그의 어린 시절은 어둡고 힘든 시간이었지. 하지만 이것은 뉴턴이 자기 자신과 대화하고, 사색하며 자연 만물을 관찰하는 시간을 갖게 했어. 뉴턴은 또래들과 어울리지 않고 혼자 지내면서 내면 세계에 깊이 빠져들었지. 그의 이런 면은 한 가지를 깊게 연구하는 성격으로 발전했어.

대학생이 된 뉴턴은 광학, 천문학, 기하학 등 과학의 여러 분야에 흥미를 느꼈어. 어느 여름날 뉴턴은 마당에서 책을 읽다가 사과나무에서 떨어진 사과를 보았어. 그런데 갑자기 이런 생각이 떠올랐지.

'달이나 사과나 공중에 떠 있는 건 똑같은데 왜 사과만 아래로 떨어지는 것일까?'

뉴턴은 갑자기 궁금해졌어. 생각해 보니 정말 이상한 일이었지. 뉴턴은 연구를 거듭한 끝에 지구가 지구 위에 있는 모든 물체를 끌어당긴다는 것을 깨닫고 이것을 '중력'이라 이름 붙였어. 그리고 중력이 우주에서도 적용된다는 것을 알아냈어.

▲ 뉴턴

'달도 사과처럼 지구를 향해 떨어져야 해. 달이 지구를 향해 떨어지지 않으려면 달이 움직이는 방향으로 계속 직선 운동을 해. 그러면 곧 달이 우주 멀리 사라져 보이지 않게 되겠지. 그런데 달은 계속해서 지구를 돌고 있잖아. 그렇다면 달과 지구 사이에는 서로 끌어당기는 힘이 있지 않을까?'

골똘히 고민하던 뉴턴은 무릎을 쳤어. 달이 지구 주위를 돌게 하는 힘을 발견한 거야. 이것을 '인력'이라고 해. 뉴턴은 이를 연구하여 태양과 행성 사이뿐 아니라 질량이 있는 모든 물체 사이에는 인력이 작용한다는 것을 밝혀냈어. 뉴턴이 정리한 이 법칙을 '만유인력의 법칙'이라고 해. 만유인력의 법칙은 미지의 세계로만 여겨졌던 우주를 이해하는 데 큰 역할을 했어.

근대 과학의 선구자, 뉴턴

뉴턴은 달과 지구 사이뿐 아니라 태양과 지구 사이에도 인력이 작용한다고 생각했어. 이와 더불어 물체와 물체 사이에도 서로 끌어당기는 힘이 작용한다고 생각했지. 뉴턴은 이렇게 질량을 가진 모든 물체가 서로 끌어당기는 힘을 '만유인력'이라고 이름 붙였어. 그리고 두 물체 사이에는 서로 잡아당기는 힘은 두 물체의 질량의 곱에 비례하고 물체 사이의 거리의 제곱에 반비례한다는 '만유인력의 법칙'을 발견했어.

"우주는 마치 하나의 완벽한 기계 같아!"

뉴턴은 만유인력의 법칙을 유럽을 넘어 전 세계에 알렸어. 이때부터 사람들 사이에는 우주를 하나의 커다란 기계로 인식하는 '기계론적 우주관'이 싹트게 되었어. 자연은 일정한 법칙에 따라 운동하는 복잡하고 거대한 기계와 같다는 생각이 기계론적 우주관이야. 오직 신이 만들고 그 운행 또한 신에게 달려 있다고 믿었던 우주를 인간의 지식으로 알아낼 수 있다는 기대감도 커졌지.

뉴턴은 물체의 운동에 관한 기본 법칙도 정리했어. 물체 사이에 작용하는 힘에 관련된 것으로 총 세 가지 법칙인데, 바로 관성의 법칙, 가속도의 법칙, 작용과 반작용의 법칙이지. 이 법칙으로 세상 모든 물체의 운동에 대한 설명이 가능하단다.

뉴턴은 천문학과 물리학뿐 아니라 수학 연구도 활발히 했어. 갈릴레이와 케플러의 연구 결과를 수학적으로 나타냈고, 새로운 수학 계산법인 미분과 적분도 발명했지. 뉴턴은 이러한 내용을 《프린키피아》라는 책에 담아 세상에 공개했어.

▲ 뉴턴의 책 《프린키피아》야. 원래 제목은 '자연 철학의 수학적 원리'라고 해.

복제품으로 다시 만든 뉴턴의 반사 망원경 ▶

경험론과 합리론의 발달

과학의 발달과 더불어 철학 분야에도 새로운 과학적 방법론이 나타났어. 사람들은 그동안 믿었던 것이 사실과 다를 수도 있다는 것을 깨닫고 무엇이든 과학적으로 설명하길 바랐어. 과학적 방법론은 이때 생겨났지. 철학자 베이컨과 데카르트는 과학의 새로운 방법론을 제안한 철학자로 과학 혁명에 중요한 역할을 했어.

베이컨은 경험주의 철학자로 인간의 구체적 경험을 중시했어. 베이컨은 신을 부정하지는 않았지만 신과 종교를 논리적으로 증명하는 것은 옳지 않다고 말했지. 그리고 철학이 다루어야 할 대상은 관찰과 실험이 가능한, 우리가 사는 세계라고 주장했어.

베이컨은 진리 탐구를 위해 '우상'이라는 함정에 빠지지 말아야 한다고 했어. 진리 탐구를 방해하는 우상은 네 가지로 종족의 우상, 동굴의 우상, 시장의 우상, 극장의 우상이 있어.

▲ 베이컨

네 가지의 우상에 빠지지 않기 위해선 어떻게 해야 할까? 베이컨은 무엇이든 관찰하고 실험할 것을 강조했어. 그는 사람들이 갖는 일반적인 오류를 벗어나는 길은 과학적 증명뿐이라고 생각했지. 그가 제안한 방법은 바로 '귀납법'이야. 귀납법은 최대한 많은 사실을 모은 다음, 그것을 분류하고 체계화하여 일반적인 사실이나 원리를 발견해 결론을 이끌어 내는 것이지. 베이컨은 여러

> 일람표란 여러 가지 내용을 한 번에 훑어볼 수 있도록 간단명료하게 꾸며 놓은 표를 말해.

사실을 수집해 일람표를 만들고 정리하면 거기서 자연의 법칙이 나온다고 생각했어. 관찰과 실험이 진리를 찾는 데 절대적인 기준이 되느냐는 비판이 나오기도 했지만, 철학을 과학적으로 접근하는 새로운 방법을 제시했다는 점에서 베이컨의 귀납법은 높이 평가받고 있어.

데카르트는 근대 철학의 창시자이자 합리주의의 대표 철학자라고 할 수 있어. 베이컨이 경험을 중시한 데 반해 데카르트는 경험을 통해 얻은 지식은 정확하지 않을 수 있다고 주장했어. 어떤 사람이 길을 가다가 딱딱한 나무에 부딪혔는데, 누구는 그것을 보고 벽이라고 하고 또 누구는 거대한 코끼리라고 할 수 있다는 거지.

즉, 사람마다 경험과 생각이 달라 주관적인 지식을 가지므로 경험으로 전체를 판단할 수 없다는 거야. 그래서 데카르트는 경험보다는 이성을 통해 진리를 찾아야 한다고 주장했어.

▼ 데카르트

연역법에 기초한 데카르트의 철학은 철저한 의심을 거친 이성을 통해 진리를 찾으려는 모습을 보여 줘. 연역법이란 일반적인 사실이나 명백한 진리를 시작으로 개별적인 사실을 이끌어 내는 추론 방법을 말해.

또 데카르트는 인간의 생각하는 힘을 중요하게 여겼어. 확실한 지식을 갖기 위해서는 모든 것을 의심해야 한다고 생각했지. 그는 인간의 감각에 의해서 전해지는 것을 믿지 말라고 했어. 여기서 데카르트가 말하는 생각은 '의심'이야. 모든 것을 의심한다고 해도 단 한 가지 의심할 수 없는 게 있어. 그게 무엇일까? 그것은 바로 '내가 의심하고 있다는 사실'이야. 데카르트는 의심하고 있는 자기 존재는 분명한 진리라고 생각했지.

데카르트는 생각하는 인간과 이성이야말로 신이 창조한 세계에 대한 지식에 도달할 수 있는 방법이라고 주장했어. 데카르트의 이러한 사상은 훗날 많은 철학자들에게 영향을 미쳤지.

베이컨과 데카르트는 중세적 사고방식에서 벗어나려고 했다는 점에서 같아. 하지만 베이컨은 경험과 관찰을, 데카르트는 인간의 생각하는 힘을 중시했다는 점에서 차이가 있어.

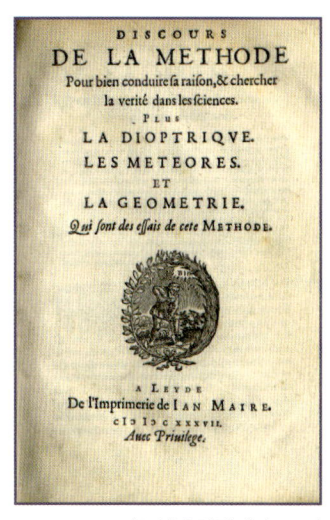

▲ 1637년 출판된 데카르트의 《방법서설》의 표지야. "나는 생각한다. 그러므로 나는 존재한다."라는 유명한 명제가 이 책에서 나왔지.

역사 속 재미 쏙

눈부신 과학의 발달

토리첼리: 이탈리아의 수학자이자 물리학자인 토리첼리는 수은이 담긴 1미터 높이의 유리관을 수은이 담긴 넓은 그릇에 거꾸로 놓고 관찰했어. 유리관의 수은은 76센티미터까지만 내려오고 더 이상 내려오지 않았는데, 이는 넓은 그릇에 있는 공기의 압력 때문에 유리관 속의 수은이 더 이상 내려오지 않는 것이었지. 토리첼리는 이 결과를 이용해 기압을 측정하는 '수은 기압계'를 만들었어.

▲ 토리첼리

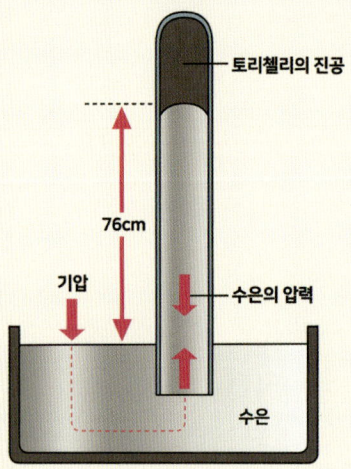
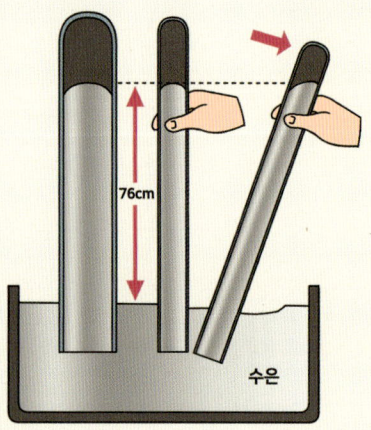

▲ 토리첼리의 실험

하비: 의학자이자 생리학자인 하비는 오늘날 우리가 알고 있는 심장의 구조를 처음으로 파악했어. 심장은 몸 구석구석에 혈액을 보내는데 하비는 혈액이 동맥에서 나와 정맥으로 돌아가는 혈액의 순환 운동을 발견했지.

▲ 하비

베살리우스: 벨기에의 의학자 베살리우스는 당시까지도 거의 행해지지 않았던 인체 해부를 통해 로마 교회의 지지를 받던 기존의 의학 체계에 오류가 있음을 지적했어. 이를 통해 근대 해부학을 창시하고 확립했지.

▲ 베살리우스

보일: 아일랜드의 화학자 보일은 일정한 온도에서 기체의 압력과 부피가 반비례한다는 '보일의 법칙'을 발견해 근대 화학의 기초를 다졌어.

▲ 보일

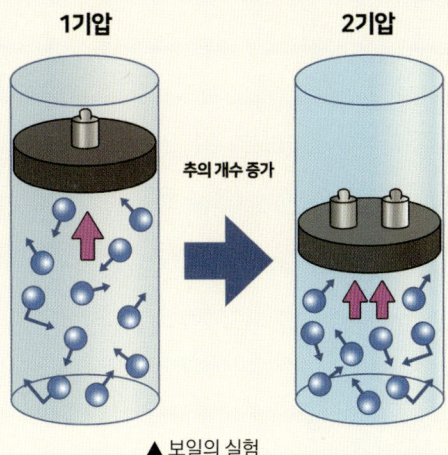
▲ 보일의 실험

훅: 훅은 영국 왕립학회 회원으로 수학, 물리학, 생물학, 천문학 등 여러 과학 분야와 관련된 장치들을 발명하고 개선했어. 또 주변에서 쉽게 볼 수 있는 것들을 현미경으로 관찰하였는데 자신이 개발한 현미경으로 본 세상을 《미크로그라피아》라는 책으로 엮어 출간했지. 식물의 세포 구조를 처음 발견한 사람으로, 세포학의 창시자이기도 해.

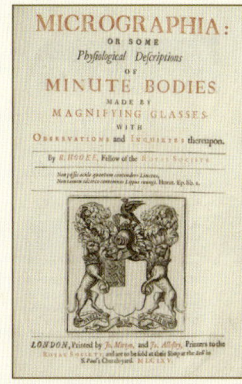
▲ 《미크로그라피아》의 표지

린네: 린네는 생물의 학명을 나타내는 이명법을 만들었으며 현대 생물 분류학의 기초를 확립했어.

▲ 린네

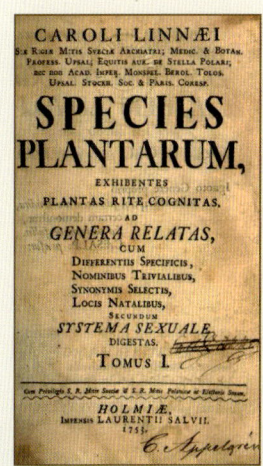
▲ 린네가 쓴 《식물의 종》이야. 식물 체계를 확립한 분류학의 귀중한 책으로 평가받고 있어.

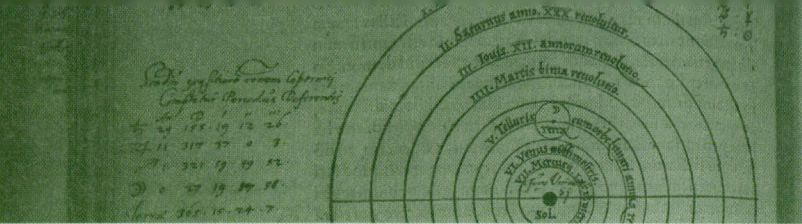

📖 세계사가 한눈에 쏙!

01 교회의 부패와 계속된 종교 전쟁으로 힘겨운 생활을 해야 했던 사람들은 그동안의 신 중심적 사고에 의심을 품기 시작했다. 과학의 발달은 이러한 인식의 변화를 더욱 빠르게 만들었다. 사람들은 관찰하고 실험하여 증명하는 과학적 사고에 관심을 기울였다.

02 당시 대부분의 유럽인들은 지구를 중심으로 하늘이 움직인다는 '천동설'을 믿고 있었다. 그러나 코페르니쿠스는 연구를 통해 지구가 태양을 중심으로 돌고 있다는 '지동설'을 주장했다. 코페르니쿠스의 지동설은 중세적 사고방식이 전환되는 데 큰 영향을 주었다.

03 케플러는 '케플러의 법칙'을 정리해 행성의 운동을 설명했다. 케플러의 법칙은 이후 뉴턴이 발견하는 '만유인력의 법칙'의 수학적인 기초가 되었다.

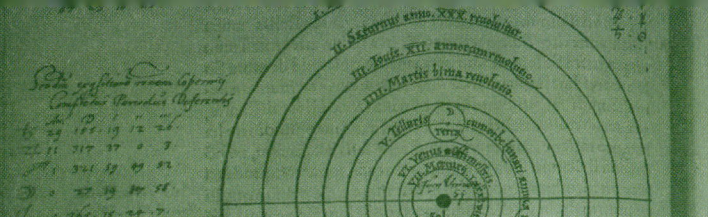

04 갈릴레이는 망원경으로 천체를 관측해서 지동설을 증명했다. 그러나 지동설이 교회의 권위를 무너뜨린다고 생각한 교황청과 교회들은 그를 이단자로 몰아세우며 압박했다. 결국 갈릴레이는 지동설을 철회했다. 그러나 교회의 권력도 이성과 과학의 발전을 억누르지는 못했다.

05 뉴턴은 질량을 가진 모든 물체 사이에 서로 끌어당기는 힘인 인력이 작용한다는 만유인력의 법칙을 발견했다. 이는 천문학과 물리학의 발달에 영향을 미친 것은 물론, 그동안 미지의 세계로만 여겨졌던 우주를 이해하는 데 커다란 역할을 했다.

06 베이컨과 데카르트는 과학 혁명에 중요한 역할을 했던 철학자이다. 베이컨은 경험과 관찰을 강조한 반면, 데카르트는 이성을 통한 진리 탐구를 강조했다.

6장
합리적인 생각, 계몽사상

| 계몽사상의 탄생
| 볼테르, 프랑스 사회를 발칵 뒤집다
| 계몽사상과 경제
| 사회 계약설
| 프랑스 고전주의 문학
| 영국 문학의 발달

17~18세기 유럽에서는 과학 혁명을 거치며 사람들의 인식에도 많은 변화가 일어났어. 하지만 민중들은 여전히 삶 속에서 중세적 질서를 따르고 있었고 부조리한 사회와 타락한 교회 때문에 고통을 받고 있었어. 과학 혁명과 더불어 등장한 사상가와 철학자 들은 이성적이지 않은 것들을 지적하고, 나아가 왕정과 신분제 등 합리적이지 않은 사회 구조를 비판했어. 이들은 이성의 계몽을 통해 인간과 사회가 더 나은 방향으로 나아갈 수 있다고 믿었지. 이런 생각들을 '계몽사상'이라고 해.

영국의 사상가 로크는 국민에게는 국민의 기본권을 침해하는 국가 권력의 불법적 행사에 저항할 수 있는 권리가 있다고 주장했어. 프랑스의 사상가 볼테르와 루소 역시 유럽 사회의 절대 왕정과 부당한 당시의 현실을 비판했지. 경제학자 애덤 스미스는 정부의 지나친 간섭이 오히려 시장 경제에 좋지 않은 영향을 미친다며 중상주의 정책을 비판했어. 진보적인 철학가나 사상가 들은 민중들을 낡은 관습에서 깨어나게 하려고 백과사전인 《백과전서》를 만들기도 했어.

이러한 사상과 움직임 들은 유럽 사회가 근대로 한 걸음 더 나아갈 수 있게 했단다.

▲ 볼테르의 책 《철학서간》의 속표지

계몽사상의 탄생

천동설같이 진실로 믿었던 것들이 사실과 다르다는 것을 알게 되자 사람들은 충격을 받았어. 그동안 교회의 가르침과 성서가 절대 진리이자 전부라는 믿음이 흔들린 거야. 이런 생각에 영향을 미친 인물은 뉴턴과 데카르트였어. 뉴턴의 기계론적 우주관과 무엇이든 의심하라는 데카르트의 합리주의는 사람들이 과학과 이성을 바탕으로 한 새로운 사고를 하는 계기가 되었어.

"중요한 건 사람의 생각하는 힘, 이성이야."

또한 지동설과 만유인력의 법칙 등의 영향으로 사람들은 실제로 관찰하고 증명하는 과학적인 사고방식을 추구하게 되었지. 이런 생각들은 기존에 당연하게 받아들이던 사회 구조도 비판적으로 판단하게 만들었어. 사람들은 당시 사회의 전통이나 권위, 국가의 모습 등을 다른 시각으로 바라보기 시작했어. 사람들은 생각하는 힘인 이성을 통해 좀 더 나은 사회를 꿈꾸게 되었어. 그들의 이러한 바람으로 계몽사상이 꽃피우게 된 거야. 계몽사상은 인간적이고 합리적인 생각과 이성의 계몽으로 인간 생활을 더 나은 방향으로 개선하려는 생각이야.

사람들은 이성을 통해 자유와 평등, 진리를 향해 나아갈 수 있다고 생각했지. 그래서 계몽주의 사상가들은 뉴턴이 제시한 물리학 연구 방법을 받아들였어. 물리학 연구 방법은 철저한 관찰과 수학적인 분석으로 진리를 발견하는 방법이었거든. 이러한 물리학 연구 방법은

계몽이란 아직 깨닫지 못한 사람을 가르쳐서 깨우치게 한다는 뜻이야.

과학뿐 아니라 사람의 생각, 이성을 이해하기 위한 연구 방법으로도 쓰일 수 있었어.

유럽 사회는 여전히 중세의 낡은 관습에 빠져 있었어. 합리적이지 못한 생각에 사로잡혀 민중들의 삶은 고단했지. 교회의 권위에 도전하거나 다른 주장을 펼치면 종교 재판과 마녀사냥 등 로마 가톨릭 교회의 잔인한 탄압이 뒤따랐어. 이런 사회에서 벗어나는 길은 오직 인간의 이성으로 합리적인 사고를 하는 것이었지.

계몽주의 사상가들은 관찰과 분석을 통해 불합리함을 버리고 진리를 깨달을 수 있다고 생각했어. 또한 인간의 이성을 통해 자연을 넘어 우주도 완전히 파악할 수 있을 거라 믿었지. 이런 자신감은 지식에 대한 사람들의 태도를 능동적이고 적극적으로 바꿔 놓았어.

계몽사상으로 자연과 우주는 물론 사람이 사는 사회의 모습도 합리적으로 파악할 수 있었어. 사람들이 살아가는 사회의 모습은 왜 이러한 모습인지, 사람들은 왜 싸우고 갈등을 일으키는지, 국가의 존재 이유는 무엇이고 어떤 모습이어야 하는지도 생각하기 시작했지. 또 이 시기에는 저마다 사회와 국가가 만들어진 역사적·논리적 근거를 밝히는 '사회 계약설'이 탄생하기도 했어.

볼테르, 프랑스 사회를 발칵 뒤집다

볼테르는 낡은 사회의 부당함을 깨달은 프랑스의 대표 계몽주의 사상가였어. 어릴 적부터 많은 책을 읽은 볼테르는 신의 존재를 의

볼테르는 필명이야. 본명은 프랑수아 마리 아루에야.

심하며 사람들과 논쟁을 벌이곤 했어.

"이건 말도 안 돼. 낡은 제도에서 벗어나야 해."

교회에서 예의를 지키지 않았다거나 다른 사람들과 생각이 다르다는 이유로 처형되는 사람들을 보며 볼테르는 분노했어. 부패한 교회와 흔들리는 왕권 등으로 17세기 사회는 혼란스러웠어. 이런 사회에서 죄 없는 민중들만 더욱 희생되었지.

볼테르는 시, 소설, 희곡, 수필 등 750편이 넘는 작품을 썼어. 주로 오래된 관습에 찌든 유럽 사회를 풍자하는 내용이었지. 특히 그의 대표작 《관용론》에서는 로마 가톨릭교회의 종교적 박해를 격렬하게 비판했어. 그가 쓴 책은 출간되자마자 베스트셀러가 되어 유럽 사회에서 큰 인기를 끌었지.

▲ 볼테르

"역시 볼테르의 글은 막힌 속을 시원하게 뚫어 준다니까!"

"아무렴 그렇고 말고. 이번에 볼테르가 이사를 갔다고 하던데, 나도 그 옆으로 이사를 가야겠어."

볼테르는 당시 사람들의 정신적 지주가 되어 그가 이사 가는 곳에는 수많은 사람들이 몰릴 지경이었어. 볼테르가 당시 프랑스 귀족들을 비판하고 풍자한 글을 많이 쓰다 보니 귀족들은 당연히 볼테르를 괘씸해했지. 그래서 볼테르는 귀족들 때문에 바스티유 감옥에 두 번이나 갇히고, 영국으로 추방당하기도 했어. 그런데 볼테르는 영국에서 엄청난 사건을 보게 되었어. 바로 청교도 혁명이었지. 볼테르는

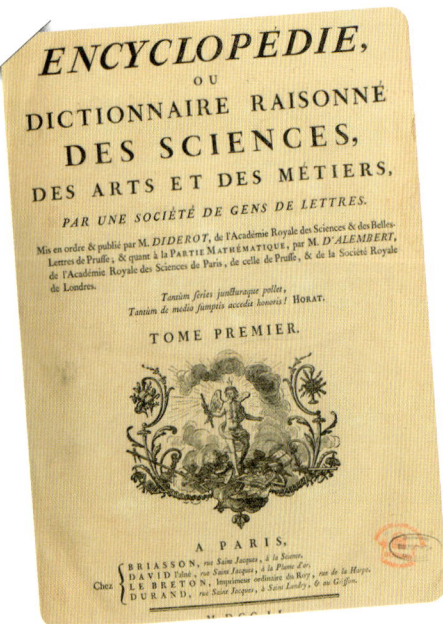

▲ 《백과전서》의 표지야. 《백과전서》는 18세기에 계몽사상을 지닌 전문가들이 수학, 과학, 의학, 법률 등 다양한 분야에 대해 집대성한 백과사전이야.

왕에 대한 비판을 넘어 왕을 처형하기까지 하는 당시 영국 사회를 보고 큰 충격을 받아. 또 뉴턴의 자연 과학에도 영향을 받게 되지. 프랑스로 돌아온 볼테르는 이전보다 더욱 강하게 프랑스 사회를 비판했어.

"사람들이 무지에서 깨어나는 방법은 지식을 얻는 길밖에 없어."

프랑스의 철학자이자 문학가인 디드로는 백과사전인 《백과전서》를 만드는 일에 몰두했어. 이 일은 당시 학문과 기술을 집대성한 대규모 출판 사업으로 프랑스의 여러 계몽주의 사상가들이 참여했어. 다양한 지식이 들어 있는 백과사전을 보고 사람들이 합리적 생각을 하길 바라는 마음이었어.

▲ 프랑스의 바스티유 감옥의 모습을 그린 그림이야.
17~18세기에 국가의 권력에 저항하는 정치범들을 가두는 역할을 했는데, 볼테르도 이곳에 갇힌 적이 있었어.

계몽사상과 경제

계몽사상은 경제 분야에도 영향을 미쳤어. 17세기에 유럽은 중상주의 정책을 실시하여 해외 수출은 늘리고 국내 수입은 줄여 국가의 부를 쌓으려 했어. 금과 은 등의 화폐를 많이 벌어들이기 위해 국산품이 해외에 많이 수출되도록 노력했어. 절대 왕정 시대에는 상인 계층의 상업 활동을 장려하고 그들에게 걷은 세금으로 절대 왕정의 자금을 충당했지.

하지만 무역이란 두 집단이 서로 이익을 보기 위해 행해지는 것인데, 한쪽의 이익만 챙긴다면 반대쪽이 손해를 볼 수밖에 없었어. 당시 아메리카 대륙에 있는 영국의 식민지들은 영국 본국이 엄청나게 높게 매겨 놓은 관세 때문에 불만이 가득했어. 이로 인해 결국 전쟁까지 일어났지.

프랑스의 경제학자 케네는 중상주의를 비판하며 부의 원천은 농업 활동에서 얻은 농산물이라고 주장했어. 케네의 이런 주장을 '중농주의'라고 해. 그는 농업을 유일한 생산적 산업이라고 생각했어. 상공업은 사회적으로 유용하지만 비생산적이라고 보았지. 그는 국가가 개인의 경제 활동을 간섭해서는 안 되며, 이성을 가진 사람들이 자유롭게 경제 활동을 할 수 있게 해야 한다고 주장했어.

이후 몇몇 학자들도 케네의 주장과 뜻을 같이하

▼ 케네

며 농업의 중요성을 강조했어. 하지만 다른 산업의 중요성을 무시하고 농업 생산만을 중시한다는 점에서는 비판을 받았지.

정부의 중상주의를 비판하며 등장한 또 다른 인물은 영국의 경제학자 애덤 스미스야. 애덤 스미스는 정부의 중상주의 정책과 농업 활동만을 중시하는 중농주의를 한꺼번에 비판했어.

"정부가 나서서 시민들의 경제 활동을 제한하는 것은 불필요한 일이야."

애덤 스미스는 유럽의 경제가 혼란스러운 까닭은 정부가 나서서 경제 활동에 간섭하기 때문이라고 생각했어. 그러면서 시장 안에서 상인들이 자유롭게 경쟁했을 때 사회의 이익도 커진다고 주장했지.

"그렇다면 거두어들이는 세금이 부족할 텐데?"

"무슨 소리! 오히려 상인들은 많은 돈을 벌기 위해 더 열심히 일할 것이고, 이것이 결국 사회 전체에 영향을 미쳐 국가적으로 큰 이득이 될 거야."

애덤 스미스는 여기서 더 나아가 국가의 무역 정책을 비판했어. 수입을 줄이고 수출은 최대한 늘리는 무역은 오히려 경제 발전에 나쁜 영향을 미친다고 했지. 좋은 물건을 수입해 국민들에게 공급해야만 결과적으로 경제 발전에 좋은 영향을 준다는 것이었어.

▲ 영국의 경제학자 애덤 스미스. 애덤 스미스는 국가의 간섭이 아닌 개인들의 자유로운 경쟁이 경제를 발전시킨다고 주장했어.

애덤 스미스는 중상주의의 가치인 화폐, 중농주의의 가치인 농업 생산물보다 더 중요한 것은 바로 인간의 노동력이라고 보았어.

"노동력이야말로 모든 가치의 원천이며 경제의 가장 중요한 밑거름이야."

노동력의 가치를 중요시하며 애덤 스미스가 주장한 것은 '분업'이야. 한 사람이 하나의 제품을 만드는 데 필요한 모든 과정을 하는 것이 아니라, 일을 나누어서 여러 명이 각각 한 과정만을 담당하는 것이지. 그렇게 여러 사람이 일의 과정을 나눠 제품을 만들면 같은 시간 안에 많은 제품을 만들 수 있지. 분업은 부를 창출하는 데 큰 효과를 낼 수 있는 방법이었어.

"경제의 목적은 단순히 돈을 버는 것만이 아니야. 국민들이 모두 편안하고 윤택한 삶을 살도록 하는 게 목적이야."

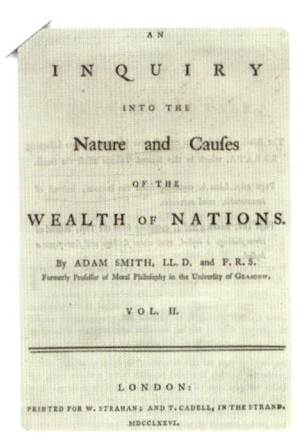

▲ 1776년에 발간된 애덤 스미스의 《국부론》의 첫 페이지

애덤 스미스는 그의 저서 《국부론》에서 국민들의 편안한 삶을 위해서는 국가가 나서서 경제를 통제하거나 간섭하지 말고, 국민 스스로가 자유롭고 활동적인 경제 활동을 할 수 있도록 해야 한다고 강조했어.

이렇게 경제 활동을 하는 사람들끼리 경쟁하면 자연스럽게 상품을 만드는 사람은 더 좋은 제품을 생산하려고 노력하고, 상품을 파는 사람은 더 낮은 가격으로 많이 팔기 위해 노력하게 될 것이라는 생각이었지. 애덤 스미스는 그렇게 경제가 발전하고 시장이 안정될 것이라고 봤어.

보이지 않는 손

"오늘 내가 맛있는 빵과 고기를 먹을 수 있었던 것은 이것을 생산하고 판매하는 사람들 각자가 그들의 이익을 추구했기 때문이야."

애덤 스미스는 누가 시키지 않아도 자연스럽게 이루어지는 자원 배분을 '보이지 않는 손'에 비유했어. 보이지 않는 손이 있기 때문에 국가는 굳이 시장의 기능을 조율하려고 나서지 않아도 된다는 거지.

하지만 그렇다고 국가가 그냥 바라만 본다면 경제가 잘 돌아갈 수 있을까? 경제적 불평등함이나 부당함이 나타나면 어떻게 해야 할까?

애덤 스미스는 경제 정책에서 국가 권력의 간섭은 제한되어야 한다고 보았어. 국가가 질서 유지, 외적의 침입 방지, 공공 기관의 유지라는 최소한의 역할만을 하는 것이 바람직하다고 생각했지. 국가가 경제 활동에 간섭하지 않으면 경제 활동이 자유롭게 일어나고 나라는 더욱 부강해지며 모든 사람이 편안한 삶을 살 수 있다는 거야.

애덤 스미스의 이러한 경제 사상은 당시 절대 왕정 시대의 중상주의 정책을 뒤흔들었어. 그리고 개인의 자유를 중시하는 오늘날의 사회에도 중요한 경제 원리로 영향을 미치고 있어.

◀ 영국 에든버러에 설치된 애덤 스미스의 동상

사회 계약설

계몽사상이 사회에 뿌리내릴수록 사람들은 국가의 역할을 고민하게 되었어. 이전까지만 해도 국가의 존재 이유를 심각하게 생각해 본 적이 없었거든. 국가는 늘 있어 왔던 것이라고 생각했기 때문이야.

영국의 철학자 존 로크는 영국에서 발생한 명예혁명을 지켜보며 시민의 힘으로 왕정을 무너뜨린 일을 높게 평가했지. 그러면서 로크는 국가와 국민의 관계와 불평등한 사회에 대해 고민했어.

"인간은 원래 평등하고 자유로운 존재야. 국가는 인간의 생명과 자유, 재산을 지키기 위해 만들어졌지. 즉, 국가의 통치자와 국민은 계약을 맺은 상태야. 만약 통치자가 국민의 권리를 빼앗는다면 국민들은 이에 저항하는 것이 당연해."

▲ 로크

로크는 통치자가 국민의 권리를 빼앗는 일은 계약을 위반하는 것이라고 했어. 그리고 계약을 어기는 국가에 반항하는 일은 국민의 기본권이라 주장했지. 인간은 태어날 때부터 가지고 있는 인권이 있는데, 이 '천부 인권'은 누구도 해칠 수 없다는 게 로크의 생각이었어.

"로크의 말이 옳다! 불평등한 사회를 바꿔야 한다!"

사람들은 로크의 말을 듣고 환영했어. 절대 왕정에 대해 불만을 갖고 있던 사람들에게, 로크의 사상은 막힌 가슴을 시원하게 뚫어

▲ 홉스

주는 것 같았지. 로크의 사상은 훗날 프랑스 혁명 등 유럽의 시민 혁명에 영향을 주었어.

영국의 철학자 홉스는 로크와는 다른 주장을 해서 사람들의 시선을 끌었어. 홉스는 천부 인권을 주장한 로크의 생각과는 정반대였어. 홉스는 국민의 권리보다는 왕의 권위를 강조했지.

"인간은 태어날 때부터 폭력적이고 이기적인 존재야. 그대로 두었다가는 서로 싸우거나 죽이고 말 거야. 평화와 질서를 유지하기 위해서는 왕의 명령에 따라야 해."

홉스는 사람들이 무질서 상태에서 벗어나기 위해서 국가와 계약을 맺었다고 주장했어. 그리고 국민이 되면 국가에 저항할 수 없다고 했지. 국가는 합법적으로 국민들에게 폭력을 행사할 수도 있다고 보았어. 그가 말하는 국가의 모습은 왕이 모든 권력을 독점하는 전제 군주 국가, 즉 절대 왕정 국가였지.

사회 계약설은 자연 상태에 있던 인간이 계약을 통해 사회 또는 국가를 형성했다는 주장이야.

프랑스의 철학자 루소는 같은 시기 활동했던 철학자들 중 가장 급진적이고 혁명적이었어. 그는 원래 안락한 낙원에 살고 있었던 인간이 문명을 만들고 나서 불행해졌다고 주장했어. 예전에는 평화로운 삶을 살았지만 시간이 흐를수록 불행한 세계로 가고 있다고도 했지. 그래서 루소는 사람들에게 "자연으로 돌아가라."라고 말했어. 사람들이 만들어 놓은 사회 제도, 문화 등을 버리고 원래의 모습, 자연 상태로 되돌아가서 참된 본성을 회복해야 한다고 주장한 거야.

사람들은 루소의 이런 주장에 쉽게 동의하지 못했어. 하지만 루소는 자연으로 돌아가면 불평등이 사라진다고 주장했지. 그는 키가 크거나 작거나 하는 자연적인 불평등 말고 사람들 사이에 생기는 인위적인 불평등은 없앨 수 있다고 했어. 인위적인 불평등이란 예를 들면 땅을 가진 사람과 땅을 가지지 않은 사람 사이에 생기는 불평등을 말해. 루소는 땅을 가진 사람들이 자신의 재산을 지키기 위해 법과 정치 제도를 만들었고 그로 인해 사회는 더 불평등해졌다고 주장했어. 이러한 상태에서는 사람들이 자유와 평등을 누릴 수 없다는 생각이었지. 이미 힘과 권력을 가진 사람들에게 유리하게 법과 제도가 만들어졌으니 말이야.

▲ 루소는 18세기 프랑스의 사상가이자 소설가야.

그는 개인이 자유롭고 평등한 사회를 건설하려면 자신의 권리를 공동체에 양도하고, 다수의 의지에 복종하는 데 동의하는 사회 계약이 이루어져야 한다고 주장했어. 이러한 사회 계약에 기초해서 나온 인민의 의사, 즉 일반 의지가 보편적 가치를 지닌다는 것이었지. 루소의 사상은 볼테르의 계몽사상과 함께 프랑스 혁명과 미국 독립 전쟁에도 영향을 끼쳤어.

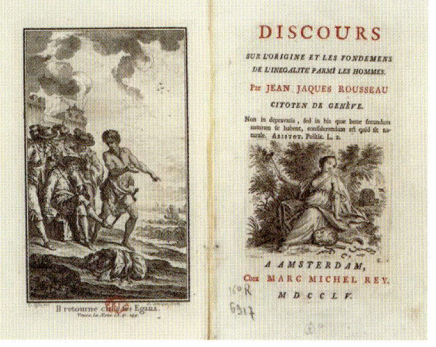

▲ 루소가 쓴 《인간 불평등 기원론》의 첫 페이지야.

이 시기에는 계몽사상의 발전과 함께 예술 분야의 발전도 돋보였어. 프랑스에서는 고전주의 문학이 유행했고 이 중에서도 특히 희곡이 큰 인기를 끌었단다.

▲ 렘브란트의 대표작 〈야경〉

영국에서는 오늘날까지도 고전으로 읽히는 많은 명작들이 탄생해 문학의 전성기를 꽃피웠어. 건축 분야에서는 프랑스의 베르사유 궁전으로 대표되는 바로크 양식의 건물들이 도시 곳곳에 들어섰고, 미술 분야에서는 풍부한 색채가 인상적인 렘브란트와 루벤스 등의 화가들이 활동했어. 또한 바로크 양식의 뒤를 이어 시민 계층이 주도하는 로코코 양식이 등장했고 신고전주의가 나타났어.

계몽주의 사상가들이 펴낸 《백과전서》

"사람들이 이렇게 무지하다니! 하루 빨리 지식을 전달해야 해."
"옳지! 모든 지식이 담겨 있는 책을 쓰는 거야."
17~18세기의 계몽주의 사상가들은 중세의 관습에 여전히 사로잡힌 민중들을 보고 그들을 깨우칠 지식이 필요하다고 생각했어. 국민들이 이성을 통해 자연의 이치를 깨닫고 사회의 문제점을 알길 바랐던 거야. 그러기 위해선 새로운 사실을 알아야 한다고 여겼지. 그래서 세상의 온갖 지식이 담긴 책을 쓰기 위해 계몽주의 사상가들이 모였어. 이들을 '백과전서파'라고 해.
수많은 지식이 담긴 책을 쓰기 위해선 한 사람의 힘만으로는 힘들었어. 이 때문에 책을 만드는 작업에 많은 사람들이 참여했지. 그중에는 앞서 살펴본 루소나 볼테르 같은 철학자들도 있었어.

▼《백과전서》에 수록된 삽화

많은 계몽주의 사상가들이 참여해 책을 만들 때, 백과전서파를 이끌 대표자가 필요했어. 책을 편찬할 때는 편집자가 필요한데, 그 작업을 담당한 사람이 바로 디드로와 계몽주의 사상가 달랑베르였어. 디드로는 수학을 제외한 대부분의 분야를 맡고, 수학자이자 물리학자인 달랑베르는 수학 분야를 맡았지.

"단순한 지식 전달보다는 민중들을 일깨우는 데 도움이 되었으면 합니다."

"물론이죠. 특히 종교적인 믿음보다도 이성과 지식을 통해 자연의 법칙을 깨우쳐 민중들의 삶이 좀 더 풍요로워질 수 있었으면 합니다."

《백과전서》는 본문과 판화로 구성되어 있으며 모두 28권으로 되어 있어. 루소, 볼테르, 디드로 등을 포함해 당시 유럽의 지식인 약 150명이 책 정리에 참여했지. 이들은 자신들이 맡은 분야에 전문성을 발휘해 각 항목을 집필했어. 모든 것을 종교적 관점에서 생각하고 판단하던 것에서 벗어나 과학과 기술, 공예, 건축, 풍속 등 관찰하고 증명된 지식을 담고자 했어. 1751년에 시작된 작업은 1772년에 마무리되었을 것으로 추정돼. 작업 기간이 무려 21년이나 걸렸다는 거지.

《백과전서》의 인기는 놀라웠어. 프랑스 상류층을 중심으로 책이 많이 팔렸어. 하지만 국왕은 1752년 《백과전서》의 출간과 배포를 금지했어. 게다가 계몽주의 사상가들이 쓰고 있던 원고마저 압수하려고 했지. 교회와 정치 세력이 출판을 방해한 거야. 그럴수록 《백과전서》의 출간 작업은 더 은밀히 진행되었어. 결국 1772년 마지막 스물여덟 번째 권을 출간하게 되지.

《백과전서》는 단순한 지식 전달을 넘어 절대 왕정 시대의 사상적이고 정치적인 권위에 도전하고자 했던 시도야. 계몽주의 사상가들이 모여 만든 《백과전서》는 훗날 프랑스 혁명에 영향을 미치고 오늘날 민주주의 발전에도 밑거름이 되었어.

▲ 프랑스의 철학자이자 문학가, 계몽주의 사상가인 디드로야. 그는 《백과전서》를 펴낼 때 편집장 역할을 했어.

프랑스 고전주의 문학

고전주의는 고대 그리스와 로마의 정신을 이어받아, 17세기 계몽사상과 어우러져 감정보다는 이성을 중시한 문학의 경향을 말해. 고전주의라는 이름 때문에 귀족적이고 옛것 같다는 느낌이 들지만, 고전주의 문학은 시민 계급이 주도해 새로운 문화로 만든 것이야. 과학, 수학, 철학에서 보여 준 과학적이고 합리적인 사고방식은 고전주의 문학에서도 드러났어. 그 때문에 문학 작품에도 논리 정연하고 합리적인 내용들이 담겨 있지.

▲ 라신

특히 당시 고전주의 문학의 특징은 연극을 위해 쓰인 희곡에 잘 나타났어. 희곡은 누구든 쉽게 다가갈 수 있는 데다 감동을 주기 때문에 많은 사람들이 접하는 장르였지. 프랑스 고전주의 문학을 대표하는 작가로는 라신, 몰리에르, 코르네유 등이 있어. 프랑스의 고전주의 문학은 영국과 독일의 문학은 물론 전 유럽에 영향을 주었어.

▲ 몰리에르

영국 문학의 발달

17세기에 활동한 시인 존 밀턴은 영국을 대표하는 시인으로, 많은 작품을 남겼어. 청교도인이었던 밀턴은 종교와 언론의 자유를 주장하는 글도 많이 썼어. 그러다 당시 청교도를 반대하는 찰스 1세가 왕위에 오르자 밀턴의 삶은 어려워졌어. 그는 찰스 1세가 처형된 이후 크롬웰이 이끄는 정부에서 업무를 맡게 되었지만 1660년에 왕정 복고가 일어나면서 그는 정치적 탄압과 가정불화로 절망과 고독에 빠지고 말았어. 밀턴은 결국 실명하기까지 했지. 그러나 밀턴은 문학에 대한 열정을 포기하지 않았어. 그는 자녀들에게 자신이 하는 말을 받아 적게 하여 장편 서사시 《실낙원》을 완성했어.

18세기 영국 소설을 대표하는 작가 대니얼 디포는 유명한 《로빈슨 크루소》라는 작품을 썼어. 디포는 사업가이자 저널리스트, 정치가였어. 그는 사회와 정치를 혼란스럽게 만드는 글을 많이 썼다는 이유로 감옥에 가기도 했지. 디포의 글은 장면 묘사가 생생하고 풍자가 신랄하

▲존 밀턴

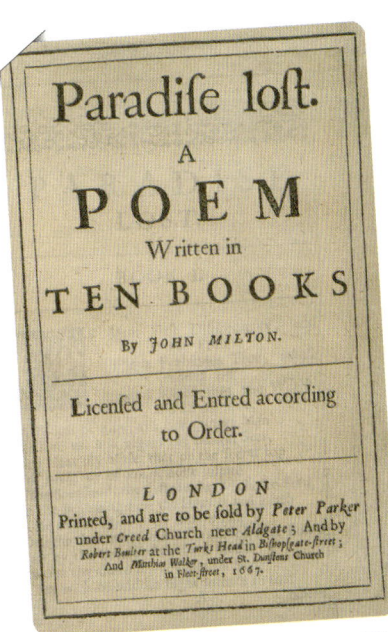

▲《실낙원》 표지야. 《실낙원》은 아담과 하와가 낙원에서 쫓겨나는 창세기의 내용을 담은 서사시야. 단테의 《신곡》과 함께 최고의 종교 걸작으로 평가되고 있어.

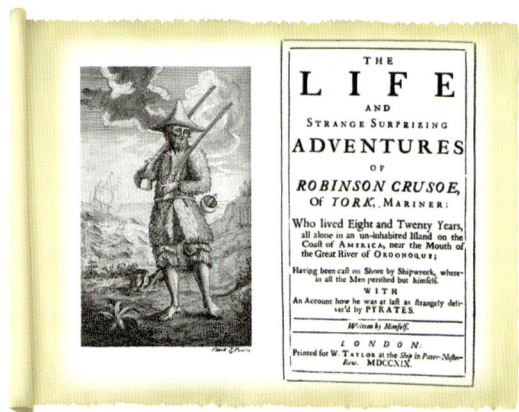

▲《로빈슨 크루소》는 배가 난파되어 로빈슨 크루소라는 인물이 무인도에서 살아가다가 28년 만에 고국으로 돌아오는 이야기야.

▲《걸리버 여행기》1판

여 많은 사람들이 즐겨 읽었어.

우리가 잘 알고 있는《걸리버 여행기》도 18세기 영국에서 탄생했어.《걸리버 여행기》는 영국의 작가이자 성직자인 조너선 스위프트의 작품이야.《걸리버 여행기》는 걸리버라는 영국의 뱃사람이 난파당해 기이한 나라에 가게 되면서 이야기가 펼쳐져. 특히 소인국과 거인국 이야기가 유명하지.《걸리버 여행기》는 언뜻 동화 같고 재미있는 이야기 같지만, 사실 이 작품 안에는 당시 영국 사회에 대한 풍자와 비판 정신이 담겨져 있어.

이 시기 영국에서 다른 유럽 국가들보다 뛰어난 문학 작품이 먼저 나올 수 있었던 이유는 영국이 다른 나라들보다 상대적으로 자유를 먼저 만끽하고 있었기 때문이야. 18세기의 영국은 봉건 귀족 사회에서 근대 시민 사회로 바뀌고 있었어. 의회 민주주의가 시작되었고 국민의 자유로운 생각과 사상을 존중하는 사회 분위기가 형성되었어. 18세기 영국의 부유한 시민 계급은 다양한 문학 작품을 읽으며 교양을 쌓고 비판적 사고력을 키워 나가 민주주의를 앞당기는 역할을 하게 돼.

▲ 조너선 스위프트

역사 속 재미 쏙

바로크 양식

바로크 양식은 17세기 초부터 18세기 중반까지 유행한 유럽의 예술 양식이야. 문학, 건축, 미술, 음악 등 여러 분야에서 나타났는데 16세기의 조화롭고 균형 잡힌 르네상스 예술과 달리, 격식이 없고 화려한 것이 특징이지. 바로크 양식은 교회와 왕실을 중심으로 유행했어.

- **건축**: 베르사유 궁전, 성 베드로 대성당이 대표적인 바로크 양식의 건축물이야. 화려한 조각과 공예 기법이 특징이지.

성 베드로 대성당 ▶

- **회화:** 바로크 양식의 회화는 대상을 사실적이고 동적으로 표현했으며 카라바조, 벨라스케스, 렘브란트 등이 대표적인 화가야.
- **음악:** 고음과 저음이 뚜렷하게 구별되고 화성 음악이 등장한 것이 바로크 음악의 특징이야. 대표적인 음악가는 헨델, 바흐 등이 있어.

▲ 벨라스케스 〈시녀들〉

▲ 카라바조 〈과일 바구니〉

〈마태 수난곡〉, ▶
〈브란덴부르크 협주곡〉 등을
작곡한 바흐

◀ 〈메시아〉, 〈수상의 음악〉
등을 작곡한 바로크
음악의 거장 헨델

로코코 양식

바로크 양식의 뒤를 이은 로코코 양식은 귀족과 부유한 서민층이 주도한 예술이야. 부드럽고 세련되고 우아한 것이 로코코 양식의 특징이라고 할 수 있어.

- **건축:** 직선보다 구부러진 선을 선호했고 S 자형의 곡선이 자주 쓰인 것이 로코코 건축의 특징이야. 독일의 상수시 궁전이 대표적이지.
- **회화:** 밝고 섬세하며 장식성이 강하고 경쾌한 느낌을 줘. 로코코 미술은 대표적인 화가는 와토, 부셰 등이 있어.

프랑스의 화가 와토야. 와토는 로코코 양식 회화의 막을 연 인물로 평가되고 있어.

부셰는 귀족이나 상류 계급의 생활 모습을 로코코 양식으로 표현했어.

▲ 와토의 〈피에로 질〉

▲ 부셰의 〈다이아나의 목욕〉

▲ 독일 포츠담에 있는 상수시 궁전은 로코코 양식을 대표하는 건축물이야.

# 세계사가 한눈에 쏙!

01 과학 혁명과 함께 등장한 사상가와 철학자 들은 이성과 합리성을 강조하며 사회 구조를 비판했다. 이들은 이성의 계몽을 통해 사회의 변화와 진보를 이루려고 했다. 이를 '계몽사상'이라고 한다.

02 프랑스의 계몽주의 사상가인 볼테르는 당시 프랑스 사회를 비판하다 영국으로 추방된 뒤 혁명을 보고 충격을 받았다. 프랑스로 돌아온 볼테르는 동료들과 계몽사상을 전파하고자 《백과전서》를 만드는 일에 몰두했다.

03 프랑스의 케네는 상업보다 농업을 중시하자는 '중농주의'를 주장했고, 영국의 애덤 스미스는 중상주의, 중농주의를 모두 비판했다. 특히 애덤 스미스는 《국부론》에서 자유와 경쟁이 존중되어야 '보이지 않는 손'을 통해 경제가 발전하고 안정될 수 있다고 주장했다.

04 영국의 철학자 존 로크는 인간이 태어날 때부터 가지고 있는 인권, 즉 '천부 인권'을 주장했다. 만약 국가 권력이나 통치자가 이를 억압하거나 빼앗으려 한다면 국민은 이에 저항할 수 있다고 보았다. 이러한 로크의 사상은 프랑스 혁명 등 유럽의 시민 혁명에 큰 영향을 미쳤다.

05 프랑스의 철학자 루소는 자연으로 돌아갈 것을 주장하며 각 개인이 자신의 권리를 공동체에 양도하고 다수의 의지에 복종하는 데 동의하는 사회 계약을 했을 때 일반 의지가 형성된다고 보았다.

06 계몽사상의 영향을 받아 프랑스에서는 고전주의 문학이, 영국에서는 존 밀턴으로 대표되는 영국 문학이 발달했다. 특히 영국은 봉건제가 거의 사라지고 의회 민주주의가 등장해 다른 유럽 국가들보다 더 빠르게 자유로운 생각과 사상의 문학이 꽃피울 수 있었다.

사진 저작권

| 8쪽 유럽 열강들의 노예 무역 [출처] 위키피디아 (CCO)
| 10쪽 조반니 다 베라차노 석상 [출처] 셔터스톡
| 11쪽 에스파냐의 무적함대 [출처] 위키피디아 (CCO)
| 11쪽 레판토 해전 [출처] 위키피디아 (CCO)
| 13쪽 에스파냐의 무적함대의 패배 [출처] 위키피디아 (CCO)
| 17쪽 루이 14세와 직물 공장에 방문한 콜베르 [출처] 위키피디아 (CCO)
| 18쪽 17세기 네덜란드 동인도 회사 주식 [출처] 위키피디아 (CCO)
| 19쪽 18세기 동인도 회사 조선소 [출처] 위키피디아 (CCO)
| 20쪽 네덜란드 동인도 회사의 무역 지도 [출처] 위키피디아 (CCO)
| 22쪽 영국 동인도 회사 [출처] 위키피디아 (CCO)
| 23쪽 영국과 네덜란드의 해전 [출처] 위키피디아 (CCO)
| 25쪽 헨드릭 하멜 동상 [출처] 위키피디아 (CCO)
| 36쪽 처형당하는 메리 스튜어트 [출처] 위키피디아 (CCO)
| 38쪽 엘리자베스 1세 시대 은화 [출처] 위키피디아 (CCO)
| 39쪽 황금사슴호 [출처] 위키피디아 (CCO)
| 40쪽 메리 리드 [출처] 위키피디아 (CCO)
| 40쪽 앤 보니 [출처] 위키피디아 (CCO)
| 40쪽 해적기 [출처] 위키피디아 (CCO)
| 43쪽 프롱드의 난 [출처] 위키피디아 (CCO)
| 45쪽 제노바 공화국 사신을 만나는 루이 14세 [출처] 위키피디아 (CCO)
| 47쪽 베르사유 궁전 [출처] 위키피디아 (CCO)
| 47쪽 베르사유 궁전 전경 [출처] 위키피디아 (CCO)
| 48쪽 거울의 방 [출처] 위키피디아 (CCO)
| 48쪽 아폴론 분수 [출처] 위키피디아 (CCO)
| 49쪽 축성식 [출처] 위키피디아 (CCO)
| 50쪽 랭스 대성당 [출처] 위키피디아 (CCO)
| 54쪽 프리드리히 빌헬름 동상 [출처] 위키피디아 (CCO)
| 56쪽 카를 6세가 서명한 국사조칙 [출처] 위키피디아 (CCO)
| 59쪽 7년 전쟁 [출처] 위키피디아 (CCO)
| 61쪽 조선술을 배우는 표트르 대제 [출처] 위키피디아 (CCO)
| 61쪽 귀족의 수염을 자르는 표트르 대제 [출처] 위키피디아 (CCO)
| 63쪽 폴타바 전투 [출처] 위키피디아 (CCO)
| 64쪽 표트르 대제의 청동 기마상 [출처] 셔터스톡
| 65쪽 폴란드의 분할 [출처] 위키피디아 (CCO)
| 68쪽 푸가초프의 반란 [출처] 위키피디아 (CCO)
| 74쪽 버지니아의 대농장 노예 [출처] 위키피디아 (CCO)
| 75쪽 바이킹 [출처] 위키피디아 (CCO)
| 75쪽 아메리카 대륙에 도착한 콜럼버스 [출처] 위키피디아 (CCO)
| 77쪽 제임스타운 [출처] 셔터스톡
| 79쪽 제임스타운의 담배 경작 [출처] 위키피디아

(CC0)
| 80쪽 노예 무역선에 타고 있는 흑인들 [출처] 위키피디아 (CC0)
| 81쪽 사탕수수 플랜테이션에서 일하는 아프리카 사람들 [출처] 셔터스톡
| 82쪽 왕가 통합 문장 [출처] 위키피디아 (CC0)
| 84쪽 권리 청원서 [출처] 위키피디아 (CC0)
| 85쪽 처형당하는 찰스 1세 [출처] 위키피디아 (CC0)
| 87쪽 청교도의 정치 활동 [출처] 위키피디아 (CC0)
| 87쪽 하버드 대학 [출처] 위키피디아 (CC0)
| 88쪽 플리머스에서의 첫 추수 감사절 [출처] 위키피디아 (CC0)
| 90쪽 윌리엄 펜과 원주민이 조약을 맺다 [출처] 위키피디아 (CC0)
| 93쪽 필립왕의 전쟁 [출처] 위키피디아 (CC0)
| 94쪽 자크 카르티에 동상 [출처] 위키피디아 (CC0)
| 95쪽 윌리엄왕 전쟁 [출처] 위키피디아 (CC0)
| 95쪽 조지왕 전쟁 [출처] 위키피디아 (CC0)
| 97쪽 프렌치 인디언 전쟁 [출처] 위키피디아 (CC0)
| 100쪽 보스턴 차 사건 [출처] 위키피디아 (CC0)
| 106쪽 르네 데카르트 동상 [출처] 위키피디아 (CC0)
| 109쪽 〈천체의 회전에 관하여〉 [출처] 위키피디아 (CC0)
| 112쪽 《별 세계의 보고》 [출처] 위키피디아 (CC0)

| 113쪽 교황청으로부터 심문을 받는 갈릴레이 [출처] 위키피디아 (CC0)
| 116쪽 《프린키피아》 [출처] 위키피디아 (CC0)
| 116쪽 뉴턴의 반사 망원경 [출처] 위키피디아 (CC0)
| 119쪽 《방법서설》 [출처] 위키피디아 (CC0)

열다 지식을 열면, 지혜가 열립니다. 나만의 책을, 열다.

한눈에 쏙 세계사
5 절대 왕정과 과학 혁명

초판 1쇄 발행 2019년 12월 05일
초판 10쇄 발행 2025년 10월 01일

글 박효연 **그림** 이은열 **감수** 박소연 손은혜
발행처 주식회사 스푼북 **발행인** 박상희 **총괄** 김남원
편집 길유진 박선정 이민주 이지은
디자인 권수아 정진희 **마케팅** 박병건
출판신고 2016년 11월 15일 제2017- 000267호
주소 (03993) 서울시 마포구 월드컵북로6길 88-7 ky21빌딩 2층
전화 02-6357-0050(편집) 02-6357-0051(마케팅)
팩스 02-6357-0052 **전자우편** book@spoonbook.co.kr

ⓒ 박효연, 이은열 2019
ISBN 979-11-90267-29-8 (73900)
ISBN 979-11-90267-89-2 (세트)

* 저작권법에 의하여 한국 내에서 보호를 받는 저작물이므로 무단 전재와 무단 복제를 금합니다.
* 잘못 만들어진 책은 구입하신 곳에서 바꾸어 드립니다.

열다는 스푼북의 어린이책 브랜드입니다.

제품명 한눈에 쏙 세계사 5		⚠ 주 의
제조자명 주식회사 스푼북 | 제조국명 대한민국 | 전화번호 02-6357-0050		아이들이 모서리에 다치지
주소 (03993) 서울시 마포구 월드컵북로6길 88-7 ky21빌딩 2층		않게 주의하세요.
제조년월 2025년 10월 01일 | 사용연령 12세 이상		
※ KC마크는 이 제품이 공통안전기준에 적합하였음을 의미합니다.